部下に9割任せる!

人財育成コンサルタント・上司向けコーチ 吉田幸弘

フォレスト出版

はじめに
――一生懸命やっているのにうまくいっていないリーダーのあなたへ

本書をお手に取っていただき、ありがとうございます。

突然ですが、あなたは仕事をがんばりすぎていませんか。

私が講演を通して知り合ったある会社のリーダーAさんの話です。

Aさんはプレイヤーとしても非常に優秀で、昇格して1年ほど経過していました。部下をしっかり管理する必要があると思い、日報を通じて行動を細かくチェックしていました。

また、1on1の面談では、事前に部下の問題点を抽出したうえで課題を設定し、自分が話を主導する形で教え込んでいました。しかし、部下は思い通りに動いてくれず、問題も解決しませんでした。さらにはチームの状態がかんばしくないので、Aさん自身が現場に出て、業績を上げようと努力しました。

しかし、チームの状態は最悪のままでした。それどころか、悪化していきました。離職者も数人出たうえ、業績も悪く、雰囲気も非常に暗くなっていました。

Aさんは、プレイヤーとしての仕事が忙しくなったうえに、リーダーとしての仕事がおろそかになる——このような状態の繰り返しでした。

Aさん自身もかなりのストレスを抱えるようになり、イライラして部下や関連部署の人とぶつかることが増えていたそうです。残業も夜遅くまで続いていました。

困った挙句、私の講演に参加し、終了後に相談にいらっしゃいました。

明らかにAさんは自分主導で仕事をやりすぎていました。

実はこのように部下に任せられないタイプのリーダーの方は少なくありません。

優秀で一生懸命にがんばっているのに悪いほうに動いてしまう——このようなリーダーの方たちを研修や講演を通じて、これまでたくさん見てきました。

Aさん以外のリーダーの方々にもお話をうかがうと、次のような意見が出てきます。


「部下が以前に失敗して困ったから簡単な作業しか任せていない」

「チームの業務をすべて自分が見ようとしている」

「部下に相談するなんて情けないので、自分1人ですべてのことを決める」

「会議や面談は自分が主導になって進めていかなくてはならない」

「部下の前で自分の欠点などを見せたらナメられてしまう」

「ナンバー2の部下に任せたら、ラクしようとしているように思われそう」

「リーダーはすべての面において、部下に勝っていなければならない」


任せられない人は、責任感の強い真面目な人なのです。

だからこそ自分ですべてを抱えてしまう。

ところが、そのがんばりがかえって仇になってしまい、チーム全体の力を低下させてしまいます。そして、部下のモチベーションも下げてしまうのです。

一生懸命やっているのに苦しんでいる。

こうしたリーダーの方々のお力になりたいと思い、本書を執筆することにしました。

ここで、私のことをお話しさせていただきます。

申し遅れましたが、吉田幸弘と申します。

現在、私は経営者・管理職の方向けに部下育成の研修やセミナー、講演を全国の会社組織や商業団体などで年間100回以上行なっています。

会社員時代には、管理職として12年活動し、MVPも何度か獲得しました。

しかし、最初からうまくいっていたわけではありません。

Aさんのように部下の仕事にもしょっちゅう口を出していました。自分の思い通りに動かない部下に言うことを聞かせようと、パワーハラスメントのようなコミュニケーションをとって、部下たちに総スカンをくらい、降格人事になったこともあります。

降格人事も1回ではありません。

3回も経験しています。

しかし、あるときから降格人事の悔しさを糧にし、書籍やセミナーなどでリーダーの素養を身につけ、それを実践し、七転び八起きをしながら、力を身につけました。

また、デキる先輩のやっていることからもかなり学びました。

リーダーとしての素養は後天的に自分の努力次第で身につけることができます。

私は、会社員時代は業界2位の大手企業、老舗の学校法人、外資系企業、上場しているベンチャー企業グループと異なるタイプの会社・団体に籍を置いていました。異なるタイプの複数の会社・団体に在籍したぶん、多くの場面を見てきました。現在においても講演や研修を通して、いろいろな方を見ています。

リーダーの仕事はやりがいのあるものです。

1人ではできない仕事もチームでならばやり遂げられます。また、1人だけで喜ぶよりも、メンバーと一緒に喜ぶほうが楽しいし、部下に感謝されることも増えるでしょう。

何よりも部下に仕事を任せることは、部下を成長させます。部下が成長すると、チームも大きく成長します。

さて、前述のAさんは、半年間、私の研修を受けて、それを実践しました。

部下に仕事を任せたら、部下が自発的に動くようになったそうです。

結果、翌月から1年後に、チームの売り上げが前年比121パーセントになり、さらに昇進したという、うれしいご報告をいただきました。その1年間は、自分のチームの離職者もゼロだったそうです。しかも自分の後任には部下がそのまま昇格しました。

任せることで部下が成長し、その結果チームの業績も向上し、さらに自分のポジションも上がったのです。

Aさんは、かつて毎日夜遅くまで仕事をしていたのが嘘のように、今では定時に帰り、将来に向けて資格試験の勉強を始めたそうです。最初にお会いしたときは辛そうだったAさんの表情は、生き生きとしたものに変わっていました。

このように部下に権限を移譲すれば、部下のモチベーションが上がるし、リーダーもほかのもっと重要なことに時間を使えるようになります。

本書では部下に仕事を任せ、リーダーが元気になるための考え方と技術をお伝えします。すべて私の実体験や実際に私の講演・研修先の会社で起きた事実に基づいたものです。また、読者の皆さんが読んですぐに実践できることをたくさん盛り込みました。

どうぞ最後までお付き合いください。


リフレッシュコミュニケーションズ代表　吉田幸弘

部下に9割任せる!

目次

第1章

これからは「9割任せるリーダー」の時代

第2章

リーダーの「型」を身につける

第3章

「尊敬」よりも「信頼」ファースト

第4章

任せ上手なリーダーは部下を育てる

第5章

リーダーのための〝自分を育てる〟仕事術

プロデュース&編集協力　貝瀬裕一（MXエンジニアリング）
ブックデザイン　bookwall
本文DTP制作&図版制作　津久井直美

第1章

これからは「9割任せるリーダー」の時代

もうカリスマリーダーはいらない

突然ですが、カリスマリーダーというと誰が思い浮かびますか？

戦国大名の織田信長、豊臣秀吉、徳川家康だったり、幕末に活躍した西郷隆盛、坂本龍馬、吉田松陰あたりが浮かぶ人が多いのではないでしょうか。

あるいは、世界的なカリスマ経営者の松下幸之助、本田宗一郎、稲盛和夫、ジャック・ウェルチなどを挙げる人もいるでしょう。スポーツが好きな人であれば、野村克也、星野仙一、岡田武史といった名監督を挙げるかもしれません。

この本を手にしていただいた皆さんの中には、「自分もこのようなカリスマリーダーになって部下をぐいぐい引っ張っていきたい」などと思っている方もいるかもしれませんね。

特にプレイヤー時代に優秀で目立っていた方ほど、そう思うでしょう。

一般的にリーダーというと「即断即決・勇猛・大胆」「ついて行きたくなるカリスマ性」「頼りになるボス」「背中で引っ張るエース兼リーダー」「精神力の強い軍曹」などといったイメージをお持ちの方が多いと思います。

しかし、そうしたリーダー像は過去のものになりつつあります。

高度経済成長期のような少品種大量生産の時代で、みんなが同じような生き方をしていたのであれば、このようなリーダーが力を発揮したでしょう。

しかし、今は多品種少量生産の時代で、みんなの生き方やライフスタイル、そして趣味嗜好や考え方はバラバラです。

かつてのように同世代であれば、同じテレビ番組を見て、同じ音楽を聴いているという時代ではありません。

特に団塊ジュニア世代以降の人たちは、アマゾンの「ロングテール戦略」に象徴されるように、いろいろなものに興味を持ち、それぞれが違う趣味を持って、違うスポーツをして育っています。

たとえば、かつてだったら、運動神経のいい人のほとんどが野球やサッカーをやっていましたが、今はいろいろなスポーツに分かれています。

要は、画一的な時代ではなくなったということです。

リーダーは万能である必要はない

時代の変化にともない、仕事の範囲も広がりました。

世の中の変化のスピードが激しくなり、誰もが自分の仕事の守備範囲であればなんでも知っているというわけにはいかなくなりました。

予期せぬ業界再編の動きが起こるようになり、かつてのライバル企業同士が業務提携をしたりすることもざらにあります。

そして、何よりも終身雇用制度や年功序列制度が実質的に機能しなくなり、雇用の流動化が激しくなってきました。

さらには、インターネット、電子メール、携帯電話などの影響もあります。

かつてはコミュニケーションのツールといえば据え置き電話や手紙でした。

若手のサラリーマンは、上司や先輩がほかの部署やお客さまと電話で話しているのを見て仕事を学ぶことができました。

反対に、上司からも部下の仕事が見えていました。電話で話す様子を見て、誰がなんの仕事をしているのかが把握できたのです。

それが今では、仕事のやりとりの大半がメールを通じて行なわれるため、上司も部下もお互いの仕事の状況が見えづらくなりました。

また、上司がどんなにがんばっても、部下に勝てないスキルも出てきました。

その代表的なものがＰＣやスマホの操作、あるいはネットの活用といったＩＴスキルです。

今の若手のほとんどは、子どもの頃からＰＣやスマホに触れています。

インターネットを使うのは当たり前ですし、人によっては学生時代からパワーポイントでプレゼンテーションの資料を作成していたりします。

このような時代に、すべての業務において上司が部下を上回ることは現実問題として難しいのです。

それにもかかわらず、「カリスマリーダーになってやろう」と、現場に必要なスキルや知識を身につけようとするのは本末転倒です。

こうすることで、もしかするとプレイヤーのとき優秀だった人は「カリスマプレイヤー」になれる、いや、戻れるかもしれません。

しかし、決して「カリスマリーダー」ではありません。なぜなら、リーダーの仕事はカリスマである必要はないからです。明らかに方向性が間違っています。

部下に対して「オレの言うことには黙ってなんでも従え！」というような威圧的な態度をとるのも逆効果です。部下もリーダーに対して畏怖の念を持つどころか、バカにしはじめます。

それだけではありません。

部下も「怒られない程度の最低限の仕事だけをやっておけばいいや」などと思い、モチベーションやパフォーマンスを下げてしまいます。

すると、部下の成長のスピードが遅くなるだけでなく、チーム全体の力を下げることにもなってしまいます。

部下の力を引き出すサーバントリーダーシップ

それに対して、「サーバントリーダーシップ（奉仕・支援型リーダーシップ）」を持って部下に接すれば、部下自身が考えて行動してくれるようになります。

なぜなら、**サーバントリーダーシップとは、部下たち1人1人の自主性を重んじつつ、成長をうながすリーダーシップスタイルだからです。**

私が以前研修をしていた会社では、「黙ってオレについて来い」というタイプのリーダーが多かったため、ほとんどの部下が自分で考えることをしていませんでした。

そこでリーダーの方たちにサーバントリーダーシップの考え方を取り入れてもらったのです。

すると、部下たちは徐々に仕事を「自分ごと」として考えて、自発的に行動するようになりました。

また、部下たちの創造力、思考力がアップしただけではなく、責任感も身につきました。そして、会社全体の業績も大きくアップしたのです。

今の時代には、「リーダーに昇格するとみんなをぐいぐい引っ張らなきゃいけないから、自分には向いていないな」とか「自分にはカリスマ性がないからなあ……」などと思っているような人の中にこそ、リーダーにふさわしい人がいるのです。

これまで私がいろいろな会社を見てきた中で、他人の痛みがわかり、部下が接しやすいと思えるリーダーのほうが、結果的にリーダーシップを発揮できていました。

今は、**チームのメンバーと横並びのパートナーのような関係を作れるリーダーこそ、リーダーシップを発揮しています。**

何より、そのほうが個々のメンバーが持つポテンシャルを引き出しやすいのです。

また、会社の外部からはカリスマのように思われているリーダーの中にも、実はサーバントリーダーシップを実践していた人はたくさんいます。

たとえば、「やってみなはれ」が口グセだったパナソニック創業者の松下幸之助、ものをつくる力はあるが、売るのが苦手で藤澤武夫のフォロワー役に徹したホンダ創業者の本田宗一郎、打者出身であるために投手のことはコーチにすべて任せていた元中日ドラゴンズ監督の落合博満といった人たちです。

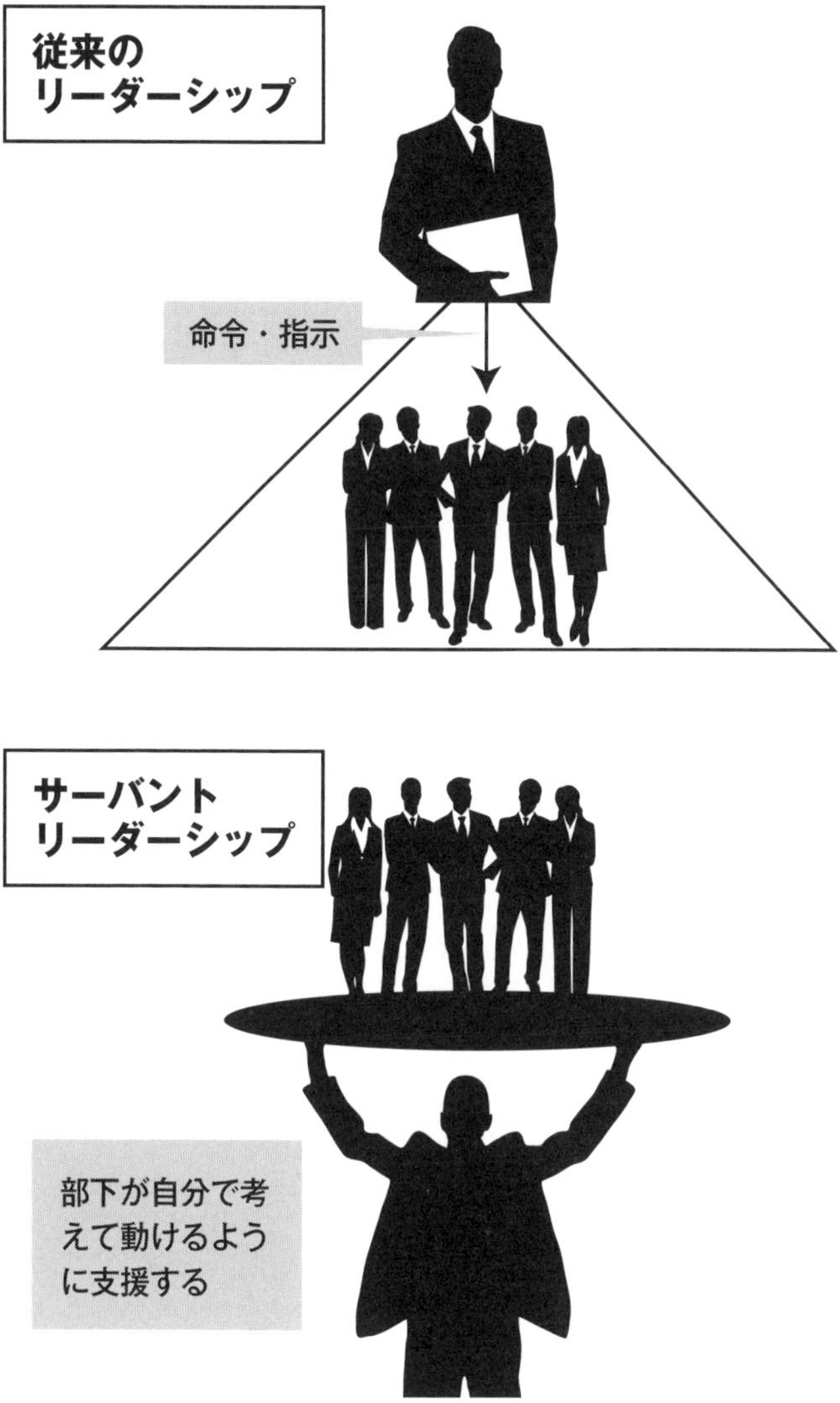
従来の
リーダーシップ
命令・指示
サーバント
リーダーシップ
部下が自分で考
えて動けるよう
に支援する

また、全国展開する居酒屋チェーン「塚田農場」では、各店舗に自由予算枠を与え、その範囲内であれば、現場の判断でさまざまなサービスを提供できるようにしているそうです。つまり、現場スタッフが自発的に動ける仕組みになっているのです。結果、同社のリピート率は居酒屋業界平均の倍以上になっています。

また、マンガ『ワンピース』が大人気になったのも、主人公のルフィーがみんなを引っ張るタイプではなく、仲間のいいところを上手に引き出すリーダーだからというのも大きいでしょう。

今後、サーバントリーダーシップの必要性がますます高まることは間違いないでしょう。

POINT

これからのリーダーは部下を引っ張るのではなく、部下を支援して力を引き出す能力が必要。

部下を補佐してチーム全体の業績を上げる

今のようにインターネットもスマホもなかった時代は、リーダーと部下の間には圧倒的な「情報格差」がありました。リーダーは部下と比べて膨大な量の情報を持っていました。

そのため、上司から部下に一方的に指示をするだけのタテ型リーダーシップで十分にマネジメントができていました。

しかし、インターネットやスマホの登場により、誰もが仕事に必要な情報を簡単に得られるようになった今、そうした情報格差はほとんどなくなりました。

いや、むしろ若手メンバーのほうがインターネットを駆使しているぶん、分野によっては、リーダーよりも多くの情報を持っているということもしばしばあります。

そのため、かつては絶対的に正しかった上司の指示が必ずしもそうではなくなりました。
だからこそ、「発想の転換」が必要なのです。

コーチングで部下の良い部分を引き出す

これまでのようにリーダーが主役で部下はその補佐的な役割をするというのではなく、反対に**部下を主役にしてリーダーは補佐役に回る**のです。

確かに新人であったり、転職や異動などで、新しく仕事を始めた人にはティーチングで教える必要があります。しかし、慣れてきたらコーチングによって部下の良い部分を引き出していくというのが現代のリーダーシップです。

たとえて言えば、リーダーが自分1人の力で1億円の仕事を取ってきて部下に手伝わせるのではなく、リーダー自身の売り上げはゼロだけれど、10人の部下が1000万円ずつ仕事を取れるように、リーダーが部下たちを支援するのです。

このように、リーダーが補佐役に回ると、リーダー自身が売り上げや業務の面で何も貢献していないように見えてしまうことがあります。多くのリーダーはそう見られることを恐れて、自分主導で仕事を進めようとしてしまうのです。しかし、リーダーが「トップセールスマン」「トッププレイヤー」であることは素晴らしいどころか、むしろダメリーダーといえます。

自分をよく見せようとするパフォーマーになってはいけません。部下の手柄を自分の手柄にしようとするなんてもってのほかです。

本当に正しいのは、**「何もしていないように見えるけれど、部下の仕事をサポートして、チーム全体の業績を上げているリーダー」**なのです。このことをくれぐれも忘れないようにしてください。

POINT

部下を主役にして、自分は補佐役に回ることで、チーム全体の業績を上げる。

主役は部下でリーダーは常に脇役である

ここまでお読みいただいた方の中には、「これまで自分が思っていたリーダーシップとはずいぶん違うな」と違和感を持たれた方も少なくないのではないでしょうか。というのも、リーダーシップに対する一般的なイメージは次のようなものだからです。

・リーダーは常に先頭に立って、メンバーを引っ張っていかなければならない
・肉体的にも精神的にも強くなければならない
・あらゆる面において、部下の誰よりも優れていなければならない
・「ついて行きたい」と思わせるような魅力（カリスマ性）がなければならない
・他人（特に部下）に頼ってはいけない

特にプレイヤー時代に優秀だった方の中には、このように感じている方は多いのではないでしょうか。

今まで私は自分の会社員時代、および長期研修の講師としてかかわった会社において、リーダーに昇格して成功する人と失敗してしまう人をたくさん見てきました。

その違いは単純で、リーダーとして成功する人はプレイヤーとリーダーの役割・仕事は違うと考え、失敗してしまう人は、プレイヤーの延長線上でリーダーの仕事をしてしまうのです。

リーダーとは文字通り、メンバーを正しい方向に「リードする（導く）人」です。

そのためには、相手の上に立って動かそうとする必要はないのです。そもそも人は、自分の上に立った他人に力ずくで引っ張っていかれたいと思うでしょうか。

自発的に働きたいと思っている人に支配的に接して、自分の思うように動かそうとすると、その人の強みを消してしまいますし、モチベーションも下げてしまいます。

プレイヤーの仕事から卒業できた優秀なリーダーは、自分を部下の「補佐役」と位置づけます。部下が困ったときに助けたり、動きやすいように支援するようにしているのです。

部下の個性を尊重し、必要に応じて手助けする

かつて私の在籍していた会社でタイプの異なる2人のリーダーがそれぞれ営業チームを率いて競争していました。

仮に、AさんとBさんとします。2人は同じ年齢です。昇格する前のプレイヤー時代の成績は、Aさんのほうが優秀でした。Aさんは常にトップでした。

もちろん、Bさんも昇格するくらいですから、成績が悪かったわけではありませんが、Aさんにはおよびませんでした。

Aさんは常に部下に指示を出しています。

経験の豊富な部下、経験の浅い部下のどちらにも同じように、自分がやってきた方法を実践するように指導します。

それに対してBさんは、どの部下にも自由にやらせます。

そのうえで、方向性が間違っていたら、正しい方向を向くように気づかせます。また、経験の浅い部下が困っていたら手を差しのべることもあります。

1年後、業績を上げたのはどちらのチームだと思いますか。

Bさんのチームでした。

Aさんは「支配者タイプ」、Bさんは「補佐役（サーバントリーダー）タイプ」です。

実は**補佐役タイプのほうが、リーダーシップを発揮し、成果を出しているのです。**

リーダーシップを発揮するためにはどんなことを身につけていったらいいかについては、次章以降に詳しくお話ししますが、ここでは1つだけ絶対に持っていただきたい心得を紹介します。

主役は部下でリーダーは常に脇役である。

スポーツでいえばリーダーは監督で、部下は選手です。

監督のほうが立場は上ですが、監督は試合に出てプレイすることはできません。

どんなに監督が優秀で選手に厳しく指示を出しても、選手が「監督の言うことなんて聞きたくない」「そんなこと自分にはできない」と思ってプレイをしたら、試合に負けてしまいます。

野球にたとえると、足の速い小柄な選手に「いいからホームランを狙ってフルスイングしてこい」と言っても、なかなかホームランは打てないでしょう。あるいは、長打力はあるけれど、足の遅い選手に「盗塁しろ」と言っても、おそらく失敗してしまうでしょう。

各人の性質や能力に見合った指示を出すことで、主役である選手が輝き、最高のパフォーマンスを発揮できる方向に導く――これがリーダーのあるべき姿なのです。

POINT

リーダーは脇役に徹して、部下（主役）が存分に力を発揮できるようにサポートする。

ダメな自分を部下にさらけ出す

突然ですが、あなたは次の2人のリーダーのうち、どちらについて行きたいと思いますか。

1人目のAさんは、理論武装していて常にスキのないタイプ。業界の最新情報も把握しているし、ビジネススキルも非常に高い。

「部下にナメられてはいけない」がモットーで、自分よりも下位の人には威圧的に接します。基本的には部下の意見を聞きません。

たとえば、「1日10件お客さまを訪問しろ」という命令に対して、部下が「私の担当エリアでは1日5件が限界です」と返したら、「言い訳するな！」と一蹴します。

また、部下が提出した報告書や企画書にも、ほぼ100パーセントの確率でダメ出しから入ります。そのため、仕事のやり直しが非常に多く発生します。

それに対して、2人目のBさんはいつも笑顔を浮かべているような明るい人柄。仕事においても「やべえ、ミスするところだったよ」などと、見栄を張りません。それどころか、かつて自分が犯した失敗を笑い話のように披露してくれる、部下にとってはなんだかホッとする上司です。

部下がうまくいっていない案件を相談すると、「それは困ったな」が口ぐせ。でも最後まで話を聞いてくれます。

また、失敗を報告してきた部下には、怒るのではなく、「大変だったな」とねぎらい、それから改善策を一緒に考える。

そして、午後の遅めの時間帯になると、「眠気防止にはフリスクだよ」なんて言っている、気取らないタイプです。

安心できるリーダーがチームの業績を伸ばす

実は、この2人のリーダーは私のかつての取引先に実在していました。

この2人は同じタイミングでリーダーに昇格しました。

最初の3カ月間は、Aさんのチームのほうが業績が上がっていたのですが、のちにBさんのチームが逆転しました。その後、Bさんはどんどん昇格して、数年後には役員になりました。

Aさんは部下から慕われることなく、部下は「仕事だから仕方がない」と思ってAさんに接していました。

一方Bさんの部下は、Bさんのことを相談しやすい上司だと思い、「心理的安全性」を感じていたのです。

「心理的安全性」とは、「チームのメンバー1人ひとりが安心して、自分らしく働ける」環境や雰囲気のことをいいます。

簡単にいえば、**「安心してモノが言える」**ということです。

安心してモノが言えないと、Aさんのチームのメンバーのように、言いたいことがあっても「どうせ否定されてしまうのだから、黙っていよう」となってしまいます。

チーム内で心理的安全性が確保されていれば、リーダーに対しても、先輩に対しても、ほかの仲間に対しても、自分の思ったことを素直に口に出せると同時に、相手の立場を考え、意見を尊重できるようになります。

特にBさんのように、リーダーが進んで過去の失敗談や弱みを開示することは、チームの心理的安全性を作り出すうえで非常に効果的です。

ですから、あなたも過去の失敗談や弱みをどんどん開示してしまいましょう。

ここで、私が会社員時代に部下たちにどんなことを開示していたかを挙げてみますね。

・朝が弱い
・午後の時間帯、眠くなることがあるので、黒の「ミンティア」は手放せない
・自分で書いたメモの字が下手すぎて読めなかったことがある
・かつては部下に怒ってばかりの上司だった
・かつては部下にナメられないように、鏡の前で怖い表情を作る練習をしていた
・お客さまを間違えて呼び捨てにしてしまったことがある
・上司にメールを送るときに「さん」をつけ忘れたことがある

決してホメられることではありませんが、部下は「あの人にもこんなことがあったんだ」と親しみを感じて、結果的に報告・連絡・相談（報連相）をきちんとしてくれるようになったりします。

皆さんの中には、「こんなことを言っていたら部下にバカにされてしまう」「ナメられてしまうのではないか」と心配する方もいるかもしれません。

でも、大丈夫です。

実は、**部下がリーダーに求めているのは威厳ではなく、判断力です。** いざというときに判断力を発揮できるリーダーならば、バカにされたり、ナメられることはありません。

POINT

リーダーが過去の失敗や弱みを積極的に開示することでチームの心理的安全性が高まり、生産性も上がる。

ビジョンはみんなと相談しながら決める

仮に、ある企業が「地域一の上質なサービスを提供する」「会社に依存しない自律的人材の育成を目指す」という経営ビジョンを掲げていたとします。

経営ビジョンとは、「将来の自社のありたい姿」です。

何年後の姿でもいいのですが、仮に3年後にビジョンの達成を目指すとします。

このとき、リーダーがビジョンをそのまま部下に伝えるのはよくありません。

なぜなら、そうすることでかえってビジョンを達成しづらくなってしまうからです。

部下は、ビジョンだけを聞かされても「抽象的な表現でよくわからない」とか「具体的に何をどう実行したらいいのかわからない」と感じてしまうのです。

そもそも部下からすると、日々、数値的な目標の達成に向けて仕事に懸命に取り組んでいます。

そんなところに、単なる「きれいごと」にしか見えない経営ビジョンなど持ち込まれても、そもそも何をすればいいのかわからないので、あと回しにして、目の前の仕事を優先するはずです。

私が先日ある企業の研修に行き、社員の方たちと面談をした際に「御社のビジョンを覚えていますか？」と尋ねたところ、ほとんどの人が覚えていませんでした。

私が答えを言うと、「ああ、そうでしたね」「前に聞いた気がします」という回答はまだいいほうで、「知りませんでした」という人もけっこういらっしゃいました。

また、知っているという人も、ビジョンを建前やお飾りのように思っているようでした。

ビジョンをストーリー化して部下の「自分ごと」にする

せっかく素晴らしい経営ビジョンを掲げても、社員が関心を持っていないのであればなんの意味もありません。

そうならないためには、**リーダーはビジョンを部下が理解できる具体的な言葉に落とし込んで伝える必要があります。**

たとえば、「地域一の上質なサービスを提供する」という抽象的なビジョンを、「同業他社のどこよりも素早い対応を心がける」と言い換えて、部下に伝えたとしましょう。すると、部下はそれをビジョンではなく、単なる「ルール」として受け取ることでしょう。

では、どうしたらいいのでしょうか？

部下と一緒に相談しながらビジョンを作るのです。そうすることで、ビジョンが部下にとっての「自分ごと」になります。

その際には、ビジョンをストーリー化するといいでしょう。

理由は次の2点です。

1　具体的にイメージできる

2　部下が「自分ごと」として取り組むため、実現への意欲が高くなるまず部下に将来のなりたい姿をストーリーで語ってもらいます。次に、そのストーリーからビジョンを作ります。

〈ストーリー①〉

宿泊した老夫婦から、「そちらのホテルに泊まってよかった。まるで家族のように大切にもてなしてもらえてとてもうれしかった。次からは孫も連れて行きたいです」というお礼のハガキをいただく。

〈ビジョン①〉

また泊まりたくなる地域ナンバー1のおもてなしサービスを提供する。

〈ストーリー②〉

グルメサイトで、「大事なお客さまを接待で連れて行きたい」お店のナンバー1になる。

〈ビジョン②〉

ほかのお店がやっていない心のこもった顧客サービスを提供する。

〈ストーリー③〉
若手従業員が後輩に入社をすすめたくなる地域で人気ナンバー1の企業を目指す。
〈ビジョン③〉
経営陣と従業員がパートナーとなって仕事に取り組む。

〈ストーリー④〉
資格試験の合格祝賀会に受講者500人全員が集まって喜びを分かち合っている。
〈ビジョン④〉
資格試験の合格請負人になる。

POINT

抽象的な経営ビジョンは、部下と相談しながら具体的なストーリーに置き換えることで浸透する。

すべてを自分1人で決める必要はない

リーダーになると、決断する機会が増えるとともに、その範囲も広がります。

しかし、すべての事柄においてリーダーが自分1人で決断を下す必要はありません。「自分はこうしたいと思うのだが、どうだろうか?」と部下たちに相談するのはかまいません。「どうしよう?」などと、おどおどしなければいいだけです。

個々の仕事に関しては、リーダーよりも得意な人や詳しい人がいます。

リーダーは自分の強みと弱みを把握しておき、自分が苦手な分野については、得意な人や詳しい人に相談すればいいのです。

そもそも人は相談されると、相手に対して「この人は自分を信頼してくれているんだ」と好感を持ちます。というのも、承認欲求が満たされるからです。

リーダーは誰が何が得意か、そのジャンルのことは誰に聞けばいいかといったことを把握していればいいのです。

たとえば、自分のチームの部下たちが次のような特徴を持っていたとします。

〈A君〉

・今は営業の仕事をしているが、かつてはデザイナーだった

・イラストレーターやパワーポイントを使ったレイアウトづくりが得意

〈Bさん〉

・雰囲気のいいカフェをたくさん知っている

・甘いものが好きで、お菓子に詳しい

〈Cさん〉

・新しい仕事を考え出すのは苦手だが、文書の校正や金額のチェックなどは得意

・エクセルの関数に強く、「エクセラー」というニックネームがつけられている

〈D君〉

・パソコンが大好きで、自作もする

・誰かのパソコンにトラブルが起きると、相談されて、喜んで対応している

〈E君〉

・少しおっちょこちょいなところがある

・初対面の人にも物おじしない

この場合、チラシの色やレイアウトについてはA君に相談すればいいですし、取引先に菓子折りを持って行くときにはBさんに相談します。

相談することで信頼関係が生まれる

このように部下たちの得意なこと、詳しいことを把握しておいて、必要に応じて相談すれば、リーダーも楽ですし、部下もリーダーから認めてもらっているという承認欲求が満たされます。

それによって、モチベーションやパフォーマンスが上がりますし、リーダーとの信頼関係も構築されます。

なお、部下に限らず、ほかの部署や他社のメンバーであっても、特定の分野に詳しい人がいたら、どんどん相談するようにしましょう。

「すべてを自分で決めよう」と気負わないようにしましょう。

POINT

自分の不得意なこと、知らないことを部下に相談することで好感を持たれ、信頼関係が構築される。

第2章

リーダーの「型」を身につける

リーダーとマネージャーの役割の違い

かつては世の中の変化のスピードがそれほど速くなかったため、中間管理職の人たちはとりあえずマネジメントだけができていればよかったのですが、今や時代は変わりました。

中間管理職にもリーダーシップの素養が必要になりました。

つまり、リーダーとマネージャーの2つの役割をこなすことが求められるようになったのです。

リーダーとマネージャーは似ているようですが、役割はまったく違います。

リーダーの役割は、チームを適切な方向へ導くことです。

そのために必要な行動は次の2つです。

1つ目は方向性、つまりビジョンを作り、それをメンバーに提示することです。

2つ目はメンバーにビジョンに共感してもらい、それに向かってパフォーマンスを最大限発揮してもらうことです。

マネジメントは手段であって目的ではない

それに対してマネジメントとは、「仕組みやルールを用いて、組織に秩序と効率をもたらす行ない」です。つまり、ルールや仕組みがきちんと運用されているかどうかを統制することです。

統制することで、誰もが同じ手順を踏むことができ、高品質の製品を作ったり、サービスを提供することができるのです。

たとえば、ＰＤＣＡサイクルなどがマネジメントの代表的な手法です。

しかし、マネジメントがいきすぎて、管理そのものが目的になってしまうというケースもしばしばあります。

・「あれをやってはいけない、これはこうやれ」などと口うるさく言う
・ルール通りやっているかどうか監視することが目的化してしまう
・重箱のスミをつつくような細かいことを指摘する
・書類の書き方など形式ばかり重視する

こうなってしまうと、イノベーションが生まれるどころか、新しいことに挑戦する人がいなくなってしまいます。

リーダーは、リーダーシップとマネジメントのバランスに注意し、特にマネジメントの状態が適切かどうかを常に心がけるようにしましょう。

POINT

リーダーシップとマネジメントの役割の違いを踏まえたうえで、チームを適切な方向に導く。

人によって態度を変えない

デキるリーダーの共通点は**「人によって態度を変えない」**ということです。**上司、部下、アルバイト社員など、誰に対しても公平に接します。**

かつての私は恥ずかしながら、理想とは正反対の〝人によって態度を変える〟リーダーでした。

上司はもちろん、同格のリーダーであっても声が大きくて威圧感のある人にはペコペコしていた反面、部下の前では尊大に振る舞っていました。

あるとき、部下が大口の取引が見込まれる企業と面談をして、「ある商品を特別価格で提供するという条件をクリアすれば取引ができる」という話をまとめてきました。

その取引自体は赤字ですが、3カ月間、問題なく取引を続けられれば、ほかの利益が出る商品を購入してくれるということで、その企業との取引はトータルでは黒字になると思われました。

そこで、私は部下に「よし、オレが部長を説得してきてやるからな！」と力強く請け合いました。

ところが、部長に提案したところ、「それはダメだよ。3カ月後にほかの商品を購入してくれるという契約を結べるならいいが、どうなんだ？」と一蹴されてしまいました。

このとき間の悪いことに、チームの別の部下が私が簡単に跳ね返されてしまった姿を見ていたのです。

その後、部下たちからの相談がぐっと減りました。

私は信頼を失ったのです。

業績の善し悪しで部下の扱いを変えない

また、次のようなこともありました。

当時、私は営業成績のいい部下にはやさしく接して、できるだけ自由にやらせていました。

一方、営業成績のかんばしくない部下には厳しく当たっていました。

「このままだと、ボーナスが減る可能性もあるな。ウチは外資系だし、首切りがある。このまま変わらなければ解雇の可能性もあり得る」などと叱責をくり返していたのです。

そんなことが続いて3カ月ほどすると、営業成績のいい部下のA君が退職したいと言ってきました。

A君には自由にやらせて、常々ホメるなど、コミュニケーションをうまくとっていたつもりだったので、青天の霹靂《へきれき》の出来事でした。

「なんでA君が……」と、動揺した私は、A君に退職を思いとどまってくれるように頼みました。

次のようなやり取りがありました。

A君「いや、先行きが心配なんです。この会社だといつクビになるかわからないので」

私「A君がそんな心配することないでしょう。ずっと目標を達成して、がんばっているし。むしろ将来のリーダー候補だぜ。おまけに来月には昇給するんだし」

A君「CさんやE君を見ていると不安なんです」

正直ビックリしました。

Cさんは A君の2年先輩、E君は同期です。

この2人は成績が上がらず、私はいつも彼らを厳しく叱責していました。

あとで気づきました。

成績のいい部下と成績の悪い部下は、同僚ですから日頃からコミュニケーションをとっています。成績の悪い部下がサボっているなど、明らかな問題があるのならまだしも、CさんとE君は一生懸命やっているのに成績が上がらなかったのです。

決して悪いことや間違ったことをしていたわけではありません。

そもそも成績の優秀な部下は先見性があります。

A君は「いつ自分が悪い成績になるかが心配だ。今のリーダーは成績の善し悪しに応じて部下への接し方を変えている。明日はわが身かもしれない」と不安に感じてしまったのでしょう。

結局、A君は退職してしまいました。

チームにとっては大きな打撃です。

高い授業料となりました。

本書をお読みになっているあなたは、私のような間違いを犯さないで、**チームの全員をリスペクトする**ようにしてください。

人によって態度を変えない、一緒に働いている人たちには気を配るということは、リーダーの最も大切な心得です。

POINT

一緒に働いている人全員をリスペクトして、誰にも公平に接することを心がける。

部下の信頼を失う言動に注意する

もしかして、あなたは部下から陰でこんなことを言われていませんか。

「『目標を達成したら、みんなで焼き肉に行こうぜ！』なんて言ったくせに、達成しても連れて行ってくれなかった」

「『報告書を締め切りまでに提出しろ』と言っておきながら、自分よりも年上で気難しいBさんには期限後の提出でも許している」

「誰かが遅刻すると厳しく叱るくせに、自分も会議に遅刻してくる」

「役員も出る会議で新規の提案をするときに『オレもあと押しするから』と言っておきながら、支店長がダメ出ししたら、『確かに根拠が弱いですよねえ』などと一緒になってダメ出し。裏切られた」

「『クレームなどで大変なときは同行する』と言っておきながら、実際に相談したら、『オレは忙しいんだ』と逃げた」

このように言っていることと行動が一致していないことはありませんか。

あなたにとっては気軽に言ったひと言であっても、部下はしっかり覚えています。

「言ったのにやらなかった」では部下の信頼を失います。

部下は「あれっ、頼んだのにやってくれないんですか？」とは言いませんから、知らぬ間に信頼を失うわけです。

まるで、商品に問題があっても文句は言わないけれど、次からは買わない「サイレントクレーマー」と同じです。

ですから、**部下に言ったことはどんな些細なことであっても期日通りに実行する**ようにしましょう。

しかし、そうはいってもリーダーも人間です。間違えること、失敗すること、忘れてしまうこともあるでしょう。

そのような場合は、きちんと謝るようにしましょう。部下にきちんと謝れるリー

ダーは信頼されます。

もし「朝令暮改」になってしまったら

また、以前言ったことと違うことを言わないようにする、一貫性を保つことも重要です。

たとえば、月曜日の会議で「今月は新規に力を入れよう」と言っておきながら、水曜日には「今月は既存顧客の拡販に力を入れるぞ」といった具合に、言うことをコロコロ変えるのはよくありません。

しかし、ビジネスを取り巻く状況が変化すれば、朝言ったことと違うことを夕方に言わなくてはならないケースはよくあることです。

また、正しいと思って決めたことが、あとから間違えていることが判明したということもあるでしょう。

このような場合、**言うことが変わったことの「理由」と「背景」をリーダーが自分**

の言葉でしっかり説明できれば、部下は納得します。

ここで、「上層部の指示だから」「そうなったのだから仕方ない」などと言うと、部下はリーダーを信頼しなくなります。

仕事をするとき、「自分ごと」として取り組めるか、あるいは「他人ごとのやらされ仕事」と感じてしまうかは「その仕事をする理由と背景」が明確かどうかにかかっています。

なお「朝礼暮改」は、多少は仕方ないにしても、言うことがあまりにもコロコロ変わりすぎると、信頼を失うので注意が必要です。

口に出す前にそれが適切かどうかをきちんと吟味するようにしましょう。

POINT

部下はリーダーの発言を覚えているので、言行の不一致や朝令暮改には細心の注意を払う。

プロセスではなく成果を評価する

たとえば、あなたが部下のAさんとBさんに、顧客の連絡先が300件載っている別々のリストを渡して、新規開拓をするように指示したとします。

期限は2カ月後、最低でも3件の契約を獲得するように伝えました。

2カ月後、結果が出ました。

Aさんは、リストに載っている300件のお客さますべてにアプローチしました。

結果、アポイントは5件獲得できたのですが、契約は1件も獲得できませんでした。

Aさんは、会社のテレアポマニュアルに載っているトークスクリプトの通りに営業しましたが、アポイントはほとんど取れませんでした。

しかし、勝手にやり方を変えてはいけないと思い、真面目にマニュアル通りに取り組みつづけました。

一方のBさんは、300件のうちの120件のお客さまにしかアプローチしませんでした。

というのも、電話をかけていくうちに、2つの業種のお客さまの反応が飛び抜けていいことに早い段階で気づいたからです。

そこでBさんは2つの業種向けにオリジナルトークを考えました。

結果、15件のアポイントを獲得でき、6件の契約を獲得できました。

この場合、会社のマニュアル通りに真面目に実行したAさんよりも、自分で仮説を立てて6件の契約を獲得したBさんを評価するのは当然でしょう。

いくら指示通りにやったとしても、何も工夫せず、結果を出せなかったAさんを評価することはできませんよね。

プロセスのアピールにダマされないようにする

さらに、ここでもう1人Cさんという人がいたとしましょう。

Cさんはいきなり電話をかけるのはどうかと考え、先にダイレクトメールを送ることにしました。その際、希望者には無料のPDF資料をダウンロードできるURLを記載し、お客さまを誘導しようと考えました。

しかし、PDFをダウンロードしてくれたお客さまは2件でした。その後、慌ててテレアポを始めたものの、5件しかアポイントが取れず、最終的には契約を1件も獲得できませんでした。

Cさんは自分の立てた仮説、それに対する取り組み、結果、今後の対策をきちんとまとめた報告書を提出してきました。

人によっては、このCさんタイプの部下を評価してしまいますが、それではいけません。

確かに仮説を立てて工夫したり、精力的に仕事に取り組んだ点は評価するべきでしょう。しかし、これでいいと評価してはならないのです。

いくらプロセスが良くても、成果に結び付かなければ仕事としては失敗です。評価をするのは、あくまでプロセスを再度検証して、成果を出したときです。

実はベテラン社員の中には、Cさんのように「プロセスを見せる」のが上手な人がいます。

おまけに、この手のタイプは弁が立つ人が多かったりするため、「自分としては工夫して一生懸命やった」というアピールにダマされてしまうリーダーが少なくないのです。

リーダーは成果を追求しなければなりません。

成果が出ないのなら、また別のやり方を試しつづけていかなくてはなりません。

部下が成果を出せるように一緒に考える

一方でたまたま成功した部下がいたとします。この場合「たまたま」であっても、取り組んだことや成果を出したことは評価するべきなのです。

そのうえで成功の要因を検証し、再現性を見出すのです。

「たまたま」つまり「直感」に従って動いたということです。

たとえば、プロ野球のヒーローインタビューなどで、決勝ホームランを打った選手が「来た球をこれだと思って打ちました」と興奮しながら言うことがあります。この場合、経験を積んでいるプロ野球選手だから、直感が当たったのです。

これがまったくの素人だったら、直感なんか浮かびません。

直感は、それまでのその人の経験に基づくものです。ですから、単なる「当てずっぽう」とは違いますし、なんらかの根拠があります。

本人がそれに気づいていないだけなのです。

「たまたま」にはなんらかの要因があるはずなのです。

リーダーはこの再現性を一緒に探し出す手伝いをしましょう。

POINT

いくらプロセスを工夫したり、一生懸命に取り組んでも、結果が出なければ評価してはいけない。

会議ではできるだけ自分の存在感を消す

会議では、チームリーダーが進行役を務めるというケースが多いと思います。

この場合、リーダーや年配者、あるいは声の大きな人ばかりが発言して、気の弱い人や経験の浅い若手はまったく発言しないということになりがちです。

そうなると、リーダーなどいつも同じ人の意見ばかりが通るようになってしまいます。

発言しにくい雰囲気の中では、建設的な意見も生まれないでしょう。メンバーたちの中にはリーダーの顔色をうかがって、何も言えない人や「どうせ言っても通らないだろう」とあきらめてしまう人も出てくるかもしれません。

そうならないためにも、会議の進行役は自分でやらないで、部下にやってもらうようにしましょう。そして、できるだけ自分の存在感を消すようにしましょう。

あえて若手を会議の進行役にする

部下に進行役をやらせる場合は2人1組にします。メインの進行役と補佐役の2人にするのです。

「メインの進行役」というと、あなたがチームの中で一番信頼しているナンバー2の部下だったり、経験が豊富な年長者と思うかもしれませんが、そうではありません。その人たちには補佐役になってもらいます。

あえて、若手メンバー全員に順番で進行役をやってもらうのです。

若手メンバーが進行役をすることで、次の4つの効果があります。

① 会議が「自分ごと」になる

若手メンバーの中には、会議に出ることを「義務」だと感じていて、積極的に議論に参加しない人が少なくありません。

また、何かが決まって自分が担当になったとしても、あまり「自分ごと」として捉えることができず、「やらされ仕事」のように感じてしまうこともよくあります。

しかし、進行役を担当することで、会議やそこで決まったことを「自分ごと」と感じるようになり、積極的に取り組むようになるでしょう。

②承認欲求が満たされる

進行役になると会議の間は主役になります。

すると、「自分が認められている」という承認欲求が満たされ、モチベーションが上がります。

③ ファシリテーションスキルを身につけることができる

ファシリテーションは複数の参加者から意見を引き出し、1つの結論にまとめて導いていく技術です。

若手社員もキャリアを重ねるうちに、別部署を交えたプロジェクトはもちろん、社外のメンバーを交えたプロジェクトのリーダーになるなどの機会が増えていくでしょう。そんなときにファシリテーションスキルが威力を発揮します。

④ 補佐役の部下にとってもメリットがある

また、ナンバー2の部下に補佐役になってもらうことは、将来その人があなたの次にリーダーになったときに役立ちます。

たとえば、補佐役からメインの進行役に会議の内容についてフィードバックをしてもらうようにすれば、補佐役はフィードバックの方法を実地で学ぶことができます。

こうすることで、会議は進行役と補佐役の双方にとって「学びの場」になります。

また、活発に意見を出し合ってもらいたいときは、リーダーのあなたが会議に参加しないというのでもいいでしょう。

その場合、結果については、あとで簡単な報告をもらえばいいでしょう。

あなたがいなくても仕事が回るチームを作るためにも、会議ではできるだけ存在感を消すようにしましょう。

POINT

リーダーが身を引くことで、会議を部下たちにとっての「学びの場」「成長の場」にする。

デキるリーダーほど時間に余裕がある

リーダーになると、出席しなければならない会議や作成しなければならない書類が一気に増えます。それに加えて、部下からの報告・連絡・相談（報連相）を受けなければなりません。

最近ではプレイングマネージャーの人が多く、自分のプレイヤーとしての仕事もあるので、昔のリーダーよりも格段に忙しいかと思います。

かつて私もリーダーになりたての頃、昼間はひっきりなしに部下から報連相があって、その対応に追われていました。

そのため、自分の仕事は終業後にすることになっていました。

その結果、毎日、終電近くまで残業することになり、始終イライラしていました。

実は、**リーダーは夜遅くまで残業をしてはいけない**のです。

部下もリーダーが残っているのを気にして退社しづらくなります。また、何よりリーダー自身の心身に負担がかかって、判断力やパフォーマンスが落ちてしまいます。

現在は働き方改革が推奨されており、会社によっては終業時刻になると強制的に電気を切ってしまうところもあるそうです。

このように以前に比べると、だいぶ残業は減ってきていると思いますが、その代わりに仕事を家に持ち帰っているという人もけっこういるのではないでしょうか。

仕事を減らして時間のバッファを持つ

私は、研修や講演などを通じて多数のリーダーの方にお会いしますが、休憩中にヒマそうにしている方がいる一方で、ひっきりなしに電話をしている方もいます。

両者を比べると、実は前者のほうが仕事ができることが多いのです。

リーダーは意識して仕事を減らさなければなりません。まずは自分の仕事、そしてチーム全体の仕事を減らす必要があります。

予定をぎっしり詰めて「オレは忙しいビジネスマン＝優秀なビジネスマン」という優越感に浸っている人をたまに見かけますが、大間違いです。

このような人には次のような質問をしたくなります。

・突発的なアクシデントが起きたらどうしますか？
・大口の取引が期待できる会社から緊急の依頼がきたらどうしますか？

どちらの場合も、時間に余裕がなければ対応できないでしょう。

もしかしたら、深夜まで残業をしたり、会社に泊まり込んで対応するという人もいるかもしれませんが、それでも間に合わなかったらどうするのでしょうか。

それよりも、普段から仕事を減らすようにして、時間のバッファを持っておいたほうがいいのではないでしょうか。

仕事を減らすには、次の3つのポイントを意識してみるといいでしょう。

① 仕事が1つ増えたら1つ減らす

仕事が1つ増えたら、ほかの仕事を1つやめられないかを考えます。
たとえば、次のようなケースです。

・新規プロジェクトに関する会議を毎週やるということになったら、それまで同じメンバーでやっていた別の会議をプロジェクトの期間中は開かないようにする
・部下に毎週タスク管理シートを提出してもらうことにしたならば、代わりに類似項目の多い日報を廃止する
・自分が新たに大口の取引先を担当することになったら、それまで自分が担当していた別の取引先を部下に担当させる

このように、常に自分やチーム全体の仕事量が増えないように心がけるのです。

② 成果を生まない業務を廃止する

たとえば、前のリーダーが作成するように決めたが、その人が退職してしまったため、もう誰も見ていない報告書や資料、顔合わせだけが目的になっているような無意味な会議などはどんどん廃止してしまいましょう。

仮に、なんらかの理由でその会議を廃止できないのであれば、週1回の会議を月1回にするなど、回数や時間を減らすのでもいいでしょう。

実は、減らしたら困るというのは、思い込みにすぎないことが少なくありません。人は何かを減らすことに心理的に抵抗を感じるようになっています。減らすメリットよりも手放したときの喪失感を過大評価してしまいがちなのです。

あなたの持ち物の中に、1年以上着ていない洋服や買ったのにそのままでまったく読んでいない何年も積ん読状態の本はありませんか。

今ならネットオークションなどで有償で誰かに譲ることができるのに、しない人は多いのではないでしょうか。

会議なども同じです。過大評価しています。

ならば、まずは1カ月限定でやめてみる。そのうえで何か不都合があったら、「やめる」ではなく、「減らす」でいいでしょう。ちなみに、私の経験では、減らして困った会議はありません。

これは会議に限らず、過剰品質の提案書などの資料作りもそうでしょう。

まずは1カ月と考えれば、トライするハードルは低くなります。

③ 1人になれる時間を作る

書類や会議を減らすといっても、実際にはすべてをなくすことはできないでしょう。

たとえば、じっくり集中して作業する必要がある書類もあるでしょう。このような仕事は、取り組んでいるときに誰かに話しかけられて中断されてしまうと、元の集中した状態に戻るのが難しくなってしまいます。

だからといって、このようなクリエイティブな仕事は、5分や10分といったちょっとしたスキマ時間で対応できるものではありません。

また、横やりが少なくなるからといって、終業後の時間を当てるのもよくありません。

というのも、夜の時間帯は集中力も低下しており、仕事を進めるのに時間がかかったり、成果物の質が落ちてしまう恐れがあるからです。

そういう仕事をするときは、会議室に1人でこもるか、あるいは外出してカフェに行くなど、誰からも邪魔されずに集中して仕事に取り組める時間を確保するようにしましょう。

POINT

自分とチーム全員の心身の健康を保つために、全体の仕事量が増えないように常に心がける。

自分のストレスの解消法を用意しておく

部下との信頼関係を構築するには多くの時間が必要となりますが、信頼関係を崩すのはあっという間です。

ここでかつての私のエピソードをお話しします。

ある日、部下のEさんが、大きなミスを報告に来ました。

Eさんの話を最後まで聞かずに大きな声でどなりつけてしまったのです。

「そんな初歩的なミスをしたのかよ！　いい加減にしてくれよ！」

どなってから、「あっ、やってしまった……」と思いましたが、時すでに遅しです。

その場にいたのはEさんだけではありません。周囲のメンバーも神妙な顔をして、こちらを見ています。

その後、Eさんだけでなく、ほかの部下との間にもぎこちない雰囲気が漂いつづけました。

結局、数カ月後にEさんは退職してしまいました。

私は当時プレイングマネージャーで、たくさん仕事を抱えており、毎晩遅くまで残業していました。

知らず知らずのうちに、ストレスが溜まっていたのでしょう。

毎日定期的にストレスを解消する

イライラしてはいけない、部下に感情をぶつけてはいけない、常ににこやかな表情でコミュニケーションをとる――このような部下とのコミュニケーションをすすめる本は世の中にたくさん出ていますし、一部のパワハラリーダーを除いて、そのことを意識して部下と接している方は多いでしょう。

しかし、気をつけていても、ふいにマズイことを言ってしまうことがあります。

ときとして言葉は凶器になります。しかも、その傷は相手の心の中に残ってしまいます。

なぜ、人は言葉の凶器を反射的に使ってしまうのでしょうか？

要因はストレスの蓄積です。

ストレスは知らぬ間に溜まっていくものです。

ですから、**溜まったストレスが爆発してしまう前に、それを減らす方法を日頃から実践しておく必要があります。**

かつて私が一緒に働いていた人の中には「オレのストレス解消法は仕事なんだ」と言って、毎日夜遅くまでがんばっている人がいました。

そうは言っていたものの、彼はいつもイライラしていて、周囲の人たちとのトラブルが絶えませんでした。

やはり仕事以外にストレスを解消する方法を準備しておくべきです。

できることなら、長期的なストレス解消の方法と短期的なストレス解消の方法の2つを用意しておくのがいいでしょう。

たとえば、長期的なストレス解消としては、年に2~3回の旅行、帰省、週末の登山などが挙げられます。会社から遠く離れることでストレスはかなり解消できますし、仕事の糧にもなります。

かといって、ストレスを感じるたびに旅行に出かけるわけにもいきません。

そのため、短期的なストレス解消法を用意しておく必要があるのです。

基本的には、その日その場でできること、たとえば、いやなことがあったらすかさず家族やペットの写真を見るといったことがいいでしょう。

ほかにも、自宅や会社の近所を5分ほど散歩するのでもいいですし、1日に数回、深呼吸や体操をするのでもいいでしょう。あるいは、休憩時間に波の音など自然の音が入った音源を聞いても心が落ち着きます。

こうした儀式を毎日のルーティンにしましょう。

POINT

いきなりストレスを爆発させないために、長期的と短期的の2つの解消法を用意しておく。

ピンチのときこそ落ち着いているように振る舞う

リーダーの真価が問われるのは、アクシデントが起こったり、ピンチに見舞われたり、逆境に陥ったりしたときです。

いくら普段は陣頭指揮をとっていて、パワフルで頼れる雰囲気を出して背中で引っ張っていても、ミスやクレームなどのピンチのときにオロオロしてしまい、部下にどなり散らして、醜態をさらしてしまっては、部下から信頼されません。

一方で、パワフルな印象はなく、陣頭指揮をとるというよりも、普段は部下に自由に仕事をさせていて、ちょっと頼りなさそうに見えるリーダーであっても、部下からの悪い報告に落ち着いて対応できるリーダーは尊敬されます。ピンチのときこそ、その人の本質が出ます。

部下は、ピンチに陥ったときに落ち着いて対応できるリーダーについて来ます。

冷静であることは、リーダーとして必要な条件であるともいえます。

冷静になるための「儀式」を用意しておく

私は仕事柄、普段から多くのリーダーの方たちと接していますが、ヒアリングしてみると、トラブルに見舞われたときは表向きは冷静を装っているけれど、心の中ではテンパっているという人は少なくありません。

かつて同じようなトラブルを処理したという場合であれば、まだ冷静でいられるかもしれませんが、初めてのトラブルの場合はそうもいかないでしょう。

また、自分にとっては過去に処理した経験があったとしても、お客さまや部下にとっては初めてで心配になるということもあるはずです。

実は、かつての私はトラブルが起こると、慌てふためくタイプでした。

「もういい加減にしてくれよ！」「なんできちんと確認しないんだよ！」などと報告

に来た部下に対して、どなりつけていました。

トラブルが起きたとき、その原因を作った部下を叱る必要はありますが、それは最初にすることではありません。

まずは、解決策を考えて行動することが先決です。

「叱る」のは部下の行動改善のためですから、あとでいいのです。

ですから、重大なトラブルが起きて、ピンチになったら、次のように対応しましょう。

まずは、**冷静になるための「儀式」をする**ことです。

オロオロしていてはリーダー失格ですし、冷静にならないと、適切な対応策を考えることができません。慌てふためいて的の外れた指示や行動をしてしまうと、火に油を注ぐような結果にもなりかねません。

私の場合は、部下が報告に来たとき、初めにいい報告か悪い報告かを聞くようにしていました。

悪い報告だという場合は、「おー、まいったな……。うん、ちょっとトイレに行ってきてから聞くから3分待って」と言って席を離れます。

現場を待たせていて緊急な対応が必要な場合以外は、3分くらい経ってからの返答でも大丈夫でしょう。

そして部下の見えないところで、深呼吸をしたり、手をぶらぶらさせていました。あるいは、水を飲んだり、フリスクを食べたりしていました。

そして、「よし！」と自分に言い聞かせてから席に戻って、報告を聞く態勢に入ります。

このように、悪い報告を部下がしてきたときに反射的に怒ったり、オロオロしたりしないように自分なりの儀式を作っておきましょう。

POINT

トラブルが起きたときは、心の中でいくらテンパっていても、表向きは冷静に振る舞う。

イライラしないための工夫をする

リーダーになるとイライラすることが格段に増えますよね。

まず、立場的に上司と部下の板挟みになりますし、ときにはチームの代表者として他部署からクレームを受けることもあるでしょう。

あるいは、部下と一緒にお客さまに謝りに行き、先方にどなられることもあるでしょう。

そんなとき、怒りやイライラした気持ちを部下にぶつけたりしてはいけません。

そんなことをすると、それまでどんなに部下と良好な関係を構築していたとしても、一気に関係が壊れる可能性があります。信頼関係を構築するのは時間がかかりますが、失うのは一瞬です。

自分のイライラの傾向を突き止める

前項では、「トラブルが起きたときに、冷静になるための儀式を用意しましょう」と言いました。ここでは、イライラしないために普段からやっておくことをご紹介します。

まず、**自分がどんなときにイライラするかの傾向をつかんだうえで、できるだけイライラを遠ざける**のです。

具体的には、自分がイライラする時間帯、イライラさせられる相手をピックアップして、対策を考えるといいでしょう。

① イライラしやすい曜日と時間帯

【水曜日の14～16時】

〈状況〉取引先B社への週次報告書を作成する時間。細かく煩雑な作業が多い。

〈対策〉この時間帯は報連相を禁止にする。2時間ほど1人で会議室にこもって作業に集中する。


【金曜日の17時以降】

〈状況〉週次の業務報告書の作成、および翌週に仕事を残さないようにすべて片づける。

〈対策〉休みに入る前なので報連相を禁止することはできない。そのため、おいしいコーヒーを飲むなどして、できるだけ気持ちを落ち着ける。

②イライラしやすい人物

【部下のC君】

〈状況〉話が長いうえに要領を得ない。

〈対策〉事前に紙にまとめてから来てもらうようにする。C君にとっても話したいことが整理できるのでいい。

【業務部のG課長】

〈状況〉大きな声で一方的にまくし立ててくる。

〈対策〉彼に呼ばれたらスマホの待ち受け画面にしているペットの写真をちらっと見てから向かう。G課長の話が終わったあと、ほかの人に八つ当たりをしないように再びペットの写真を見る。

POINT

自分がイライラする原因（時間帯や人物など）を把握したうえで具体的な対処方法を用意する。

自分を助けてくれるナンバー2の部下を作る

リーダーになったら、ぜひともやるべきことは、自分を補佐してくれるナンバー2の部下を作ることです。

そもそも一般にリーダーが1人で管理できる部下の人数は、せいぜい7人くらいまでといわれています。

私自身の実感としてもそれくらいが限界でした。

そこで7人以上の部下を率いるリーダーの場合、自分を補佐してくれるナンバー2の部下が必要になります。

ただし、私個人の見解としては、7人以下のチームであってもナンバー2の役割を果たしてくれる部下がいたほうがいいと思います。

たとえば、若手のメンバーが仕事で何かわからないことにぶつかったときに、リーダーに聞くよりも同じプレイヤーの立場にあるナンバー2のほうが聞きやすかったりします。

場合によっては、ナンバー2のほうがリーダーが気づかない、現場目線に立った答えを返せるかもしれません。

また、リーダーの判断や指示・依頼が独りよがりになることを避けるためにも、助言をしてくれるナンバー2の部下がいたほうがいいでしょう。

もしナンバー2の役割を果たせる部下がいなければ、育てる必要があります。

「金を残すのは三流、名を残すのは二流、人を残すのは一流」という言葉があります。

「人を残す」とは、後継者を作ることです。

リーダーは、自分がチームを率いていたときは業績がトップだったが、自分が昇格して抜けたとたんに業績が落ちてしまったなどということにならないようにしておくべきなのです。

あるいは、リーダーが体調を崩して欠勤したときでも、しっかりしたナンバー2がいれば、仕事は回ります。

どんな人をナンバー2にすればいいのか

ナンバー2には、リーダーに対する「貢献力」と「批判力」という2つの要素が必要になります。

そして「貢献力」の有無、「批判力」の有無によって、部下は次の4つのタイプに分類されます。

① 貢献力が高くて批判力が低い「イエスマン」

リーダーに対して非常に従順で、貢献力が高くて一見良さそうに思えます。ある程度実績や経験も兼ね備えたこのタイプの人を、ついナンバー2にしてしまいがちです。

しかし、「イエスマン」タイプの人は業績が上がっているときはいいのですが、業績が低迷しているときは、あまり助けになりません。

従順なだけに、リーダーが間違った方向に進んでいても批判をしてくれませんし、かえってそれを助長してしまう危険性があります。

② 批判力が高くて貢献力が低い「反逆者」

年上の部下であったり、リーダーとは正反対のタイプの人がここに当てはまります。

このタイプの人は、しばしばリーダーの揚げ足を取ります。

たとえば、感性の鋭い発明者タイプのリーダーの中には論理的に考えたり、計画を立てたりすることが苦手な人が少なくありません。

リーダーも完璧なわけではないので仕方ないのですが、「反逆者」タイプはリーダーの欠点を厳しく指摘します。

批判することが目的化しているため、仕事にあまり貢献してくれません。また、このタイプには弁が立つ人が多いので、周りを巻き込んできて、リーダーにとっては厄介な敵になります。

「いつもアバウトな指示ばかりで、内容に一貫性がない。あんなバカ上司がいるから業績が上がらないんだ」などと陰で触れ回ったり、ときには会議でリーダーのあなたの言ったことを誤りだと指摘することで周囲からの評価を得ようとする「アンチリーダー」です。

このタイプの人に苦しめられる新人リーダーは少なくありません。

懐柔するためにナンバー2にするなんてことは、間違ってもしてはいけません。

③ 批判力も貢献力も低い「評論家（逃避者）」

「イエスマン」がひたすらリーダーの追従者であるのに対して、この「評論家（逃避者）」タイプは、自分の出世や会社が良くなることをあきらめているから形式上リーダーに従っているという人です。

従ってくれていても、チーム力や業績の向上に貢献してくれるわけではありません。

失敗する可能性の低いルーティンワークを無難にこなしていればいいやと考え、新しい取り組みや仕事は極力避けようとします。

また、「しょうがない」が口グセで、すべての責任を外部のせいにしてしまう傾向があります。

もちろん、ナンバー2には向いていません。

④ 貢献力も批判力も高い「協働者」

非常にバランスが良く、リーダーに足りない部分を補い、組織を良い方向へ導く助けとなってくれるのがこの「協働者」タイプです。

頭が良く、批判力も強いのでリーダーを困らせることがありますが、ここ一番では貢献力を発揮して結果を出してくれます。

逆のタイプで、普段は貢献力が高くて従順でありながらも、ときどき鋭い意見を言ってくるという人もいます。

このタイプの人は、単に従順なのではなく、いざというときには言いにくいことも進言してくれます。

あるいは、普段はリーダーの意見に反対することが多いが、肝心なときにはリーダーのあと押しをしてくれるという人も「協働者」です。

こういう人は、何よりもリーダーのメンツを立てますし、批判をしてくるときも、リーダーの気持ちに寄り添います。たとえば、みんなの前で反対意見を言うのではなく、1対1のときに進言してくれます。

この「協働者」タイプの人をナンバー2にするのがいいでしょう。

POINT

信頼できる部下をナンバー2にすることでチーム力はアップし、自分の仕事も楽になる。

ナンバー2の3つの役割

ナンバー2の部下には、次の3つの役割を果たしてもらいます。

①リーダーとメンバーの双方にとっての翻訳者

ナンバー2には、リーダーの指示をメンバーが正確にわかるように翻訳して伝える能力が求められます。

たとえば、部下に仕事を頼むときは、少なくとも次の3つの情報が必要です。

Ｗｈａｔ……頼みたい仕事は何か、どんな成果をあげてほしいのか

Ｗｈｙ……なぜその仕事をする必要があるのか（背景）
Ｈｏｗ……どのように進めるか（手段）

しかし、リーダーの指示には、Ｗｈｙが省略されてしまうことがよくあります。背景やその仕事をやる理由が不明だと、部下が「やらされ仕事」のように感じてしまうかもしれません。

部下にしっかりと仕事に取り組んでもらうためには、「なぜその仕事をするか」の理由や背景をしっかり伝えなくてはなりません。

ときには、それぞれの部下の性格に応じて頼み方を変える必要だってあるでしょう。リーダーよりも、同じプレイヤーの先輩であるナンバー2の部下から頼まれるほうが部下にとっても響くことが少なくありません。

さらに、ナンバー2にはチームのメンバーからボトムアップされてくる要望や意見の翻訳者にもなってもらいましょう。

これにより、リーダーは常にメンバーが考えていることや現場の状況を把握することができます。

このような翻訳者としての役割を果たすことは、ナンバー2自身にとっても、他人の意見のポイントを整理して簡潔に伝える「要約力」を身につけられるというメリットがあります。

②チームメンバーの相談役

部下からすると、リーダーには相談しづらいこともあるでしょう。

リーダーが相談しやすい雰囲気を作っていても、相談に来ない場合もあります。

私は日々の講演や研修、コーチング面談などを通してリーダーの方たちにお会いしていますが、「なかなか部下が相談に来ない」と皆さんおっしゃいます。

実際、部下の方に面談することもあり、相談しにくい理由を聞いてみると、次のような答えが返ってきます。

・リーダーに相談するのは重要な案件だけにするべきだと思う

・まだ実現可能性の低いアイデアなので相談できない

どうやら、リーダーに相談することに対して、自分でハードルを上げてしまっているようなのです。

だからこそ、ナンバー2に相談役になってもらうのです。

リーダーに相談するほどでもないなと思うことでも、同じプレイヤーの先輩であるナンバー2には相談しやすいでしょう。

③ リーダーが困ったときの助言者

リーダーは孤独です。ときにはグチの1つも言いたくなります。そんなときに相談できる相手が必要です。

そこでナンバー2に助言者になってもらうのです。要は、リーダーのストレスを解消してくれるカウンセラーのような存在になってもらいます。

なので、ナンバー2との間ではできるだけ隠し事はしないようにしましょう。

ちょっとの時間でもいいので、週1回は面談をするようにしましょう。

リーダーの耳には入ってこないけれど、ナンバー2の耳には入ってくる情報もあります。

その中には会議の議題にあがるほど緊急な案件ではないが、メンバーやお客さま、競合他社などに関する重要な情報などがあります。

そうした情報を聞き漏らさないためにも、ナンバー2と定期的にミーティングする必要があるのです。

また時には、リーダーにとって耳の痛いことも言ってもらいましょう。

なお、その際はきちんと受けとめるように心がけておく必要があります。

自分の次のリーダーを育てる

ナンバー2がこの1～3の役割を身につけると、その人自身が将来リーダーになったときに活きてきます。

「名選手、名監督にならず」という言葉にあるように、リーダーとプレイヤーはそもそも仕事の内容が違います。いくら熟練したプレイヤーであっても、昇格した時点ではリーダー1年生にすぎません。

しかし、あらかじめサブリーダーとして経験を積ませておくことで、将来プレイヤーからリーダーに昇格したときにスムースにリーダーとしての仕事に取り組めるようになるのです。

リーダーはナンバー2にどんどんサブリーダーとしての経験を積ませるようにしましょう。ナンバー2の成長にもつながることに加え、あなたの負担も減ります。

POINT

ナンバー2には「リーダーと部下の翻訳者」「メンバーの相談役」「リーダーの助言者」になってもらう。

第3章

「尊敬」よりも「信頼」ファースト

部下とはなるべく飲みに行かない

皆さんの中には、終業後に部下と飲みに行くことでコミュニケーションをとっているという方はけっこういらっしゃるかと思います。

最近はお酒を飲まないという若手社員も増えてきたので、このような〝飲ミュニケーション〟は、昔と比べるとだいぶ減ったようですが、いまだ健在です。

飲ミュニケーションは、部下の悩みを聞いたり、仕事以外での「顔」を知るチャンスともいえます。

一方、部下にとっても、上司や先輩と飲みに行くことで、仕事や職場での立ち居振る舞いを学ぶことができるというメリットがあります。

しかし、昨今のようにビジネスをめぐる環境の変化が速く、多様性や新しい発想が求められる時代においては、社内の人たちとばかり飲んでいると、時代から取り残されてガラパゴス化してしまう恐れがあります。

特に、**リーダーはなるべく外の人と会って、新しい情報を取りに行くようにするべきです。**

とはいえ、部下と飲みに行って、コミュニケーションを深めること自体は悪くありません。

ただ、あまり頻繁に飲みに行くのではなく、できれば忘年会やプロジェクト開始時のキックオフ、あるいはプロジェクト終了後の打ち上げくらいにとどめておくのがいいでしょう。

すべての部下と同じレベルで接する

飲ミュニケーション以上に今どきのリーダーが大切にしなければならないのは、**各メンバーとのコミュニケーションの量に差をつけないようにする**ことです。

たとえば、Aさんに声をかけたら、BさんやC君にも同じ頻度で声をかける必要があります。

しかし、この量をそろえるというのは、そう簡単なことではありません。

たとえば、事務方の仕事が多いAさんは社内にいることが大半だけれど、営業のBさんは始業と終業のときにしか社内にいないなどというケースです。

また、リーダーも人間ですから、どうしても個々のメンバーに対して「好き・嫌い」があるでしょう。

声をかけやすい部下もいれば、取っつきにくい部下もいるかもしれません。

あるいは、業績をあげているAさんとは毎週でも飲みに行きたいが、業績が悪いBさんとはあまり気乗りがしないといったこともあるでしょう。

これについては仕方ないことではあるのですが、あなたがあまり声をかけていない部下からすると「私は、もしかするとリーダーに嫌われているのかもしれない」などと心配に感じてしまうでしょう。

そのような不安から、ぎこちない関係になってしまったり、それが原因でパフォーマンスが下がってしまうかもしれません。

たとえば、元プロ野球監督の野村克也さんは、選手の結婚式には絶対に出席しなかったそうです。

「監督はあの選手の結婚式には出たけれど、オレの結婚式には出てもらえなかった」などと選手がひがむのを避けたからだそうです。

たとえば、いつもは選手の結婚式に出席するのに、たまたまある選手の結婚式の日に別の用事があり、欠席したとします。すると、野村さんに他意がなくても、その選手は不快感や不信感を抱いてしまうかもしれません。

ならば、差をつけないためにも、初めからすべての選手の結婚式には参加しないと決めるほうがいいのです。

POINT

部下とコミュニケーションをとる際は、人によって量に差が出ないように注意する。

報連相を上げてもらうためのコツ

私は講演や研修を通じて多くのリーダーの方たちから相談を受けますが、その中で圧倒的に多いのが「部下からの報連相（報告・連絡・相談）が思うように上がってこない」というものです。

おそらく、リーダーの悩みの上位3位以内に入る悩みではないかと思います。

実は、ちょっとした工夫をすることで報連相は上がってくるようになります。

方法をいくつかご紹介しましょう。

①「なぜ」を使わない

皆さんの中には「なぜと聞くことは大切ではないか」と反発したくなった方もいらっしゃるかもしれません。

確かに要因を考え、掘り下げていくことは必要です。トヨタやリクルートなどでは「なぜを5回繰り返す」といわれていますし、私も大切だと思います。

ただし、気をつけなければいけないのは、**「なぜ」は自分に問いかけるときにだけ使う言葉**だということです。

たとえば、計画と結果がかけ離れてしまったときにその要因を検証する、あるいは新規のアイデアを考えたりするといった場合です。

このような自分への問いかけとして「なぜ」を使うことはいいのですが、部下に対して使うのは良くありません。

「なぜ、期限に間に合わなかったんだ?」
「なぜ、競合他社に受注を奪われてしまったのか?」
「なぜ、見積もりを間違えたんだ?」

このように「なぜ」と言われると、言われた側は自分が責められていると感じてしまうのです。特に、立場の弱い部下にとっては、上司の「なぜ」という言葉には強い圧迫感があります。

極端な話、部下に対して「なぜ」という言葉を使うリーダーが世の中から減るだけで、職場でメンタル不全に陥る人が減ると言っても過言ではないと思います。

ただ、ここで誤解していただきたくないのは、「Ｗｈｙ（原因・理由）」を分析することは悪いことではないということです。むしろ大切と言っていいでしょう。「なぜ」という言葉が良くないだけなのです。

そこで「なぜ」を「何」に変えるようにしましょう。

先ほどの３つの例文を「なぜ」から「何」に変えてみます。

「何が原因で、期限に間に合わなかったのだろう？」
「競合他社に受注を奪われてしまった要因は何だろう？」
「見積もりを間違えた原因は何かな？」

先ほどに比べると、聞かれたほうも気持ちが楽になるのではないでしょうか。

「なぜ」が「責められている」と感じさせるのに対して、「何」は人ではなく起きた出来事や事象に焦点を当てています。そのため、聞かれた側は第三者の視点に立てて、解決策を考える余裕が生まれます。

「失敗した部下に厳しくしなくてどうするのだ」と思われる方もいらっしゃるかもしれませんが、大切なのは脅威を感じさせることではなく、今後の行動改善につなげることです。

そのために、**失敗を自分で冷静に考えさせる**のです。

② 解決策のヒント〝だけ〟を与える

迅速に対応しなければならないクレームなどの場合は、解決策をアドバイスするのはかまわないと思います。

しかし、そうした緊急の場合以外は、解決策そのものではなく、ヒントを与えたほうが部下は成長します。

中国の思想家、老子が言ったとされる言葉に「人に魚を与えると1日で食べてしまう。しかし人に魚の釣り方を教えれば、その人は生涯自力で食べていくことができる」という言葉があります。

リーダーはプレイヤーではありません。部下が1人で仕事を進められるようにしなくてはなりません。

解決策を与えるのは、一見親切なリーダーに思えますが、実はそうではないのです。

ヒントを与える場合は、それを強要しないようにすることと、多少時間がかかっても部下が自分で考えて解決策を見つけ出すまで見守ることが大切です。

そうすることで、部下の成長が加速します。

また、男性は「解決脳」が強いのに対し、女性は「共感脳」が強い傾向にあるため、女性の部下に対して「解決してやろう」という態度で臨むと嫌がられることがあるので注意が必要です。

③「デキる人」よりも「相談しやすい人」になる

リーダーが、自分を〝デキるビジネスマン〟に見せようとすることは逆効果です。

かつて私の知人で「オレってなんて仕事がデキるんだろう。オレが10人いたら、うちの会社も業界トップは間違いないんだけどなあ」などと、飲んだ席で自慢話を語るような人がいました。

この人はプレイヤーとしては優秀だったのですが、部下がついて来なくて、この人のチームは離職率が非常に高かったのです。そのうち本人も降格されて、結局、退職してしまいました。

このようなタイプの上司には、部下は相談をしづらいものです。

「こんなことを相談して叱られないかな」

「こんなことを報告したら評価を下げられないかな」

このように不安に感じてしまいます。

第1章（31ページ）でも言いましたが、リーダーは自分の能力の高さをアピールするよりも、むしろ自分の欠点や過去の失敗などを開示したほうがいいでしょう。

たとえば、「昔こんなどでかいミスをしてしまったんだけど、上司に早めに相談したおかげでことなきを得た」みたいな話です。

そうすることで部下は「この人にもそんなことがあったんだ」と感じてくれて、相談しやすい上司だと思ってくれるでしょう。

POINT

部下への接し方や言葉の使い方を工夫することで、部下が報連相を上げやすくなる。

#「ホメる」と「叱る」は人前ではやらない

よく「ホメるときは人前で、叱るときは2人きりで」と言われていますが、確かに部下を叱るときはそのほうがいいでしょう。

人前で叱ると、たとえ自分が悪いとわかっていても「恥をかかされた」と思う人がほとんどでしょうから。

また、仮に自分が叱られていなくても、近くで他人が叱られているのを見ると、気分が良くないとの声も研修などでよく聞きます。

ですから、「ほかの人にも注意してもらいたいから、あえてみんなの前で叱っておく」というのも、やめておいたほうがいいでしょう。連絡として、ミーティングなどで伝えればいいだけです。

「ホメる」の落とし穴に注意

では、ホメるときはどうでしょうか。みんなの前でホメることはいいように思えます。

しかし、これは部下の性格によって変わってくるのです。一概に人前でホメるのがいいとは限らないのです。

たとえば、Aさんはみんなの前でホメられると喜ぶタイプだけれど、Bさんは違うということがあります。

Bさんはホメられていない先輩に気をつかってしまう、あるいはホメられることで同僚から調子づいているなどと思われないか心配する、周囲を気にする性格だったりすることがあるのです。

私はかつて、このBさんのようなタイプの部下をホメつづけていたことがありました。本人は少し困った表情を見せていましたが、それでもホメつづけていたら、ある日突然、退職してしまいました。私自身が手柄を立てて評価されるのがうれしいタイプなので、Bさんの気持ちに気づかなかったのです。

ですから、**ホメるときも1対1を基本にする**のがいいでしょう。

もちろん、年に数回の表彰式などで表彰された場合は、みんなの前でホメるのはかまいません。本人の性格がどうであれ、儀式としてホメることが必要だからです。

もう1つ注意したいのが、その場にいない部下のことをホメるときです。

その部下のことをよく思っていないほかの部下の前でホメてしまうと、かえって嫉妬心や敵愾心をあおってしまうかもしれません。

ですから、ホメる前に、部下同士の関係性に気をつけるようにしましょう。

実は「ホメる」ことは、「叱る」以上に、注意や配慮が必要になるのです。

POINT

「叱る」は常に1対1、「ホメる」は状況によって効果が異なるため、やはり1対1が無難。

悪口やグチほど危険なものはない

その場にいない人の悪口を言うと、悪口が本人に伝わるだけでなく、悪口を話した相手の心にも非常に悪い印象が残ります。

リーダーになると、部下や他部署とのコミュニケーションが増えるので、ついつい他人の悪口やグチを言いたくなります。

たとえば、言うことをきかない年上の部下や言われたことしかしない部下、あるいは融通のきかない他部署など、悪口やグチのタネは尽きません。

言いたくなる気持ちはわかりますが、こうしたことはなるべく部下や同僚の前で言わないほうがベターです。

たとえば、あなたが年上の部下Bさんに対して不満を持っていて、ほかの部下にこんなことを言ったとします。

「Bさん、変に企画書にこだわりすぎるんだよ」

「Bさん、後輩の面倒とか一切見ないんだよ」

「Bさん、新規開拓をしないんだよ」


このような不満は、本人に直接伝えるべきことであって、ほかの人の前で言うべきことではありません。

悪口を言われたことを知ったら、その人は必ずあなたのことを批判するようになります。

仕事や業績に悪い影響をおよぼすことは間違いありません。

悪口やグチはリーダーへの不信感を生む

また、部下の前でほかのメンバーの悪口を言うと、「自分もそのように思われているんじゃないか」「自分の悪口も言われているんじゃないか」などと考えはじめてしまいます。

ここで、私のダメリーダー時代のエピソードを紹介します。

営業マネージャーであった私は、業績が上がらず、言い訳ばかりしているC君のことを、ほかの2人の部下といるときに「C君にはほかの部署に移ってもらおうかと考えているんだ」と言ってしまいました。

2人ともC君に対して不満があったようで、相づちを打ってくれていました。

その後、2人のうちの1人G君が、私をそれとなく避けるようになったのです。それまでは悪い出来事なども含めて、ざっくばらんにスピーディーに報告してくれていたのですが、それがなくなりました。

ナンバー2の部下から聞いたところ、G君は成績が落ちたり、ミスをしたら、自分もC君のように扱われるのではないかと感じたのだそうです。要は「明日はわが身」と思ったそうなのです。

もちろん、私にはそのような気はまったくありませんでした。

その場にいない人の悪口やグチを言うのは非常に危険だということを身をもって知

りました。

しかし、そうはいっても、リーダーも人間です。出来の悪い部下や他部署に対する悪口やグチなどを言いたくなることもあるでしょう。黙ったまま抱え込んでいるとストレスになります。

この場合、次の2つの方法をとるといいでしょう。

① ナンバー2の部下の前だけで言う

先ほども言いましたが、ナンバー2の部下とはできるだけ多くの情報を共有しておく必要があります。

ですから、困った部下の話や他部署に関する悪口やグチを言うのもアリです。困っていることを自己開示することで、信頼関係も深まるでしょう。

また、ナンバー2はプレイヤー側からの視点で考えることができるので、リーダーが気づけなかった指導のポイントを教えてもらえる可能性があります。

② 仕事とまったく関係ない第三者に話す

仕事がきっかけで知り合った人ではなく、アフターファイブや休日などに趣味の場で知り合った相手や、セミナーやスクールで知り合った〝仕事とまったく関係ない人〟に言うのもいいでしょう。

もちろん、悪口の対象に伝わらないからというのもありますが、その人から意外なヒントが得られるケースも少なくないからです。

特に、違う業界・業種で活躍している方のお話は参考になると思います。

POINT

悪口やグチは部下には言わずに、ナンバー2か仕事にまったく関係ない人に聞いてもらう。

ミーティングの議題は部下に決めてもらう

部下との信頼関係を構築したり、部下のことをよく知るために、積極的に個別面談をするようにしましょう。

こんなことを言うと、「言われなくても、うちの会社では年に2回、評価面談をしているよ」などという声が聞こえてきそうです。

しかし、年2回程度の評価面談では、部下を成長させるのは難しいと思います。最低でも月に1回は面談をし、適切な目標を設定し、それに対するPDCAを評価する必要があります。

このような面談は、リーダー主導の面談です。

一方、ヤフーやグーグルなどで仕組み化している「1on1ミーティング」という手法があります。これはリーダーではなく、部下が主導する面談です。

部下の中には、本当に考えていることや悩みをなかなか打ち明けてこない人がいます。**1on1ミーティングでは、部下に話したいことを話してもらい、それを上司がじっくり聞く**という形になります。

これは、リーダーが相談しづらい雰囲気を作ってしまっている場合もありますが、基本的には部下自身の性格が原因です。

そんなときは相手が心を開いてくるのを待ち、時間をかけて信頼関係を構築するようにしましょう。

それでもなお部下が打ち解けてくれないという場合は、あなたを恐れている、あるいは心理的安全性が確保されていないということが想定されます。

心理的安全性を確保するために、「話しても大丈夫」という雰囲気を作る必要があります。具体的には、リーダーのちょっとした失敗などのエピソードや自己開示や雑談から始めるといいでしょう。

仮に、あなたが威圧感を出さないように気をつけていたとしても、一般的な面談ではリーダー主導になってしまい、今進めている仕事の状況確認や、一方的に指導する時間になってしまいがちです。

しかし、それでは部下は、本当に考えていることや悩んでいることを相談できないでしょう。

面談で話す内容は仕事のことでもプライベートのことでもかまいません。とにかく部下が話したいことを自由に話させるようにします。

具体的には、次のように進めていきます。

リーダー「今日はなんの話をしようか？」
部下「クロージングがうまくできなくて困っています」
リーダー「うん、そうか……。それで？」
部下「提案書を出したあとに、お客さまが黙り込んでしまうことがよくあるんです」
リーダー「黙ってしまうんだ……」
部下「はい、そのときに焦ってしまいます」

リーダー「そうか、焦っちゃうんだね」

部下に議題を決めてもらえば、このように流れていきます。

それに対して、リーダーが議題を設定すると、どうしても次のようになってしまいがちです。

リーダー「今日はクロージングについて話そうか」

部下「はい」

リーダー「A君は、クロージングがうまくできていないだろう」

部下「はい」

リーダー「どこに問題があるんだろうか？」

部下「えっと、提案書を出したあとに、お客さまが黙ってしまうことがあります（本当は業務の効率化について話したかったのに……）」

このような面談では、部下は言いたいことが言えず、本当に悩んでいることを解消できません。

悩みを抱えている状態では、モチベーションが上がらず、パフォーマンスも落ちてしまうでしょう。

部下に議題を決めてもらうことの大切さがおわかりいただけると思います。

とにかく親身になって話を聴く

部下によっては、プライベートの悩みを抱えている人もいます。1on1ミーティングで、それを聴いてあげるのもいいでしょう。

仮に、部下がプライベートの悩みを相談してくれたとしたら、部下の心理的安全性が確保されているという証拠です。

とはいえ、プライベートの悩みのほとんどは、あなたの力では解決できないものでしょうし、またなんとかしてあげようと思うあまり、プライベートに立ち入りすぎてしまうのも良くありません。

では、どうすればいいのでしょうか？

プライベートの悩みの場合は、解決してあげようと考えるのではなく、とにかく相手の話を真剣に聴くことです。

リーダー「今日は何を話そうか？」
部下「プライベートの話をしてもよろしいでしょうか」
リーダー「いいよ」
部下「実は、先月彼女と別れてしまったんです。最後は大喧嘩になってしまいました」
リーダー「そうか……」
部下「正直、ショックで仕事に手がつきませんでした」
リーダー「大変だったね……」
部下「はい、でも最近に始めたフットサルを通じていろいろな人と出会うようになり、元気を取り戻せそうです」

リーダー「そうか、よかったな」
部下「今月は先月の分を挽回してがんばります」
リーダー「おー、頼むぞ！」

要は、部下は悩みを解決してもらいたいというよりは、誰かに聞いてもらいたいのです。

これはプライベートの場合だけでなく、仕事の悩みなどについても当てはまります。とにかく部下の話をきちんと聞いてあげて、相手の気持ちに寄り添うように心がけましょう。

POINT

1on1ミーティングでは、部下に自分が話したいことを話してもらい、聴き役に徹する。

自分の予定をすべてオープンにする

たとえば、こんなケースがあったとします。

「あと30分で経営会議だ。発表をしなくてはいけない。わかりやすいように追加資料を作るか。今からだと間に合うか微妙だな。どうしようか……」と、あなたが会議の準備に懸命に取り組んでいたとします。

そんなときに、背後から「吉田さん、ちょっといいですか」という声が。

ミスの多いC君です。

あなたは「こんなときに何だよ！　忙しそうにしているのが、わからねえのかよ。空気読めよ」と声を荒らげてしまいました。

C君はその後、ほかの部下たちの前で「吉田さん、『気軽に報連相に来いよ』なんて言っておきながら、行ったらどなられたよ」とぼやきます。その後、部下たちからの報連相の回数は一気に減ってしまいました。

スケジュールを見える化する

果たしてこのような場合、どちらに非があるのでしょうか？

やはり、リーダーに非があると考えるべきでしょう。

「気軽に報連相に来い」と言っておいて、その通りにした部下を責めてしまえば、あなたは部下からの信頼を一気に失い、それ以降まともに報連相が上がってくることはないでしょう。

では、どうすればいいのでしょうか？

簡単です。チームのメンバー全員に対して、自分の予定をオンラインで公開すればいいのです。

そうすることで、部下があなたとコミュニケーションをとりたいと思ったとき、どのタイミングで声をかければいいかがわかるようになります。

先ほどの例でいえば、「リーダーは15時から経営会議だから、午前中のうちに相談しよう」と部下が判断できるわけです。

この場合、取引先との交渉や社内の他部署との打ち合わせだけでなく、資料作成や調査など、自分1人で取り組む仕事やそれに費やす時間もオープンにしておきましょう。そうすれば、仕事に集中するためのまとまった時間を確保できます。

忙しいときに部下が来たり、上司に「ちょっと」と声をかけられてイライラすることも減るでしょう。

また、予定をオープンにすることは、自分だけではなく、チームのメンバー全員にもやってもらうようにしましょう。

そうすることで、誰が何の仕事にどれくらい時間を使っているか、仕事を詰め込みすぎていないかを把握できますし、予定が見えているので、なかなか相談に来ないことを心配することも少なくなるでしょう。

特定の部下に仕事が偏っていないかなども判断することもできます。

また、私は「サボり時間」と呼んでいますが、**仕事の合間のバッファ時間を作っておくことは必要です。**

リーダーが自分のスケジュールを公開する

これは**リーダーに限らず、ほかのメンバーも同様**です。

仕事を詰め込みすぎると、何か不意な出来事が起こったときに対応する時間や余力がなくなってしまいます。

あるいは、その出来事への対応に時間を取られて、本来やるべきだったほかの仕事が予定通り進まなくなってしまいます。

また、仕事を詰めすぎて毎日遅くまで仕事をすることは、心身の健康に悪い影響をおよぼします。

問題を早期に発見し、改善するためにも、リーダーも部下もお互いに「スケジュールの見える化」をするようにしましょう。

POINT

チーム全員が予定をオンラインで公開することで、各人の行動や空き時間、仕事量を把握できる。

部下の部下と直接仕事の話をしてはいけない

たとえば、あなたが営業部の部長だったとします。その下に3つの課があり、3人の課長がいます。それぞれの課のメンバーが10人だったとします。

この場合、あなたは課長を飛び越して課のメンバーと直接話をするべきではありません。

「オレを飛ばした」と、課長があなたに対して不快感と不信感を抱く可能性があるからです。

逆のケースを考えてみましょう。

仮に、あなたの部下の課長が、あなたを飛び越して、あなたの上司である常務に直接仕事の相談をしている、あるいは打ち合わせをしているとしたらどうでしょうか。

正直、いい気分はしませんよね。

「オレ抜きで何を話しているんだ？」と課長を問いただしたくなるのではないでしょうか。

ナンバー2の指導力をきたえる

これはナンバー2の部下との関係においても当てはまります。

たとえば、ナンバー2のCさんを飛ばして、Cさんの後輩であるGさんに直接指示や命令をしてはならないのです。たとえ組織図上では、Gさんがあなたの直属の部下となっていたとしてもです。

もしGさんがあなたに直接報告・相談してきたら、ナンバー2のCさんに話すように伝えて、あなたが自分で対応してはならないのです。

仮に、どうしてもGさんと話さなければならないのであれば、Cさんを含めた三者面談にします。

そうすることで、ナンバー2とあなたの信頼関係は高まります。

部下の部下から直接相談を受けてはいけない。また指示をしてもいけない

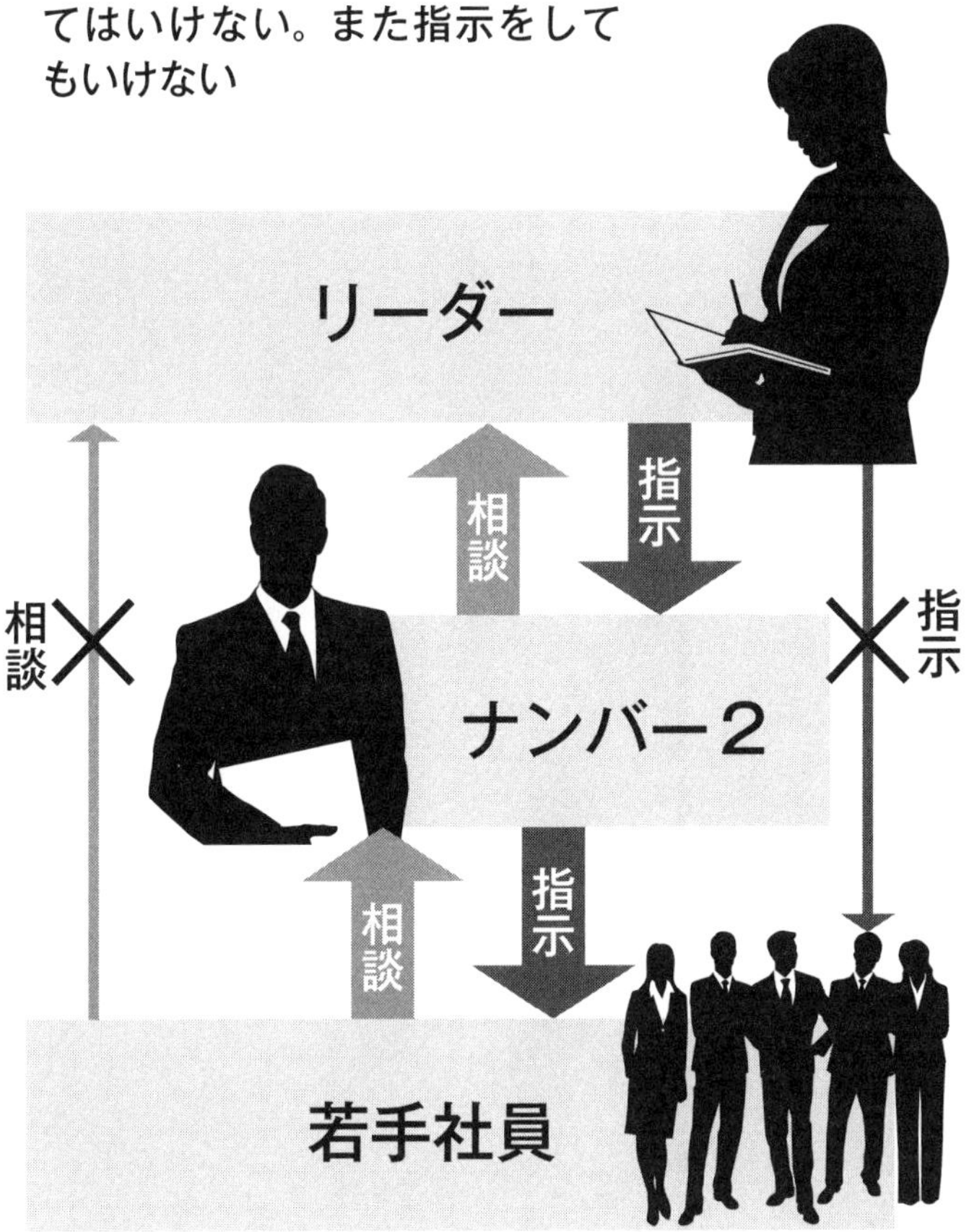

また、あなたが介入しないことで、ナンバー2の部下が後輩の指導というインフォーマルな仕事をさぼらなくなります。

後輩の指導をしておけば将来リーダーになったときに役に立つとはわかっていても、数字的に評価されないインフォーマルな仕事はついあと回しにしてしまいがちです。特に、忙しいときや自分の業績がふるわないときはなおさらです。

ナンバー2を機能させるためにも、部下の部下からの相談は直接受けないようにしましょう。

仕事を頼むときも同じです。必ずナンバー2の部下に間に入ってもらうようにしましょう。

POINT

「部下の部下」と直接話をしないことで、ナンバー2の指導力がきたえられる。

第4章

任せ上手なリーダーは部下を育てる

部下には仕事をどんどん任せる

私が過去に同僚として接してきた3人の〝残念なリーダー〟を紹介します。

1人目のリーダーAさんは、「部下に抜かれたくない」と言って仕事を渡しませんでした。

部下が自分より仕事ができるようになって言うことをきかなくなったり、自分を抜かして出世してしまったらと不安だったからです。

結果、部下は簡単にできる仕事しかさせてもらえず、成長しなかったため、いつまで経ってもAさん1人が忙しい状態は変わりませんでした。

このチームはいつまで経っても、業績は頭打ちでした。

2人目のリーダーBさんは、チームのすべての仕事を隅々まで管理しないと気が済まない性格でした。

自分以外の誰かが勝手に仕事を進めてミスをしないか不安だったのです。

どんな些細な仕事であっても自分ですべて管理しようとして、自分の言う通りにしない部下に対してはきつく叱責します。

すると部下たちは「新しいことをやって叱られるくらいなら、何もしないほうがいいや」と必要最低限の仕事しかしなくなってしまったのです。

この組織では、Bさんの能力を超える人が育たず、やはりBさん1人が忙しい状態が続きました。このチームも業績が上がりませんでした。

3人目のリーダーCさんは、Aさん、Bさんとは違って、部下に自分の仕事をよく手伝わせていました。

しかし、任せる仕事の内容に問題がありました。

資料の図表だけを作る仕事とか、誤字脱字がないかの校正といったアシスタント的な仕事ばかりだったのです。

もちろん、アシスタント的な仕事も大切なのですが、部下が自分の頭で考えて進めるクリエイティブな仕事をまったく与えていなかったので、部下はいつまで経っても成長しませんでした。

やはりこのチームでも、Cさん1人が忙しい状態で、「部下にもっと意欲的に仕事に取り組んでほしいよ」が口グセでした。

このチームも業績は上がらず、離職率が非常に高くなっていました。

この3人は、はっきり言ってしまえば、「リーダー失格」です。

このようなダメなリーダーは、本来リーダーのやるべきではない仕事を抱え込んでいます。

部下に失敗するチャンスを与える

そもそも**リーダーの仕事は「チーム全員で結果を出す」ことと「部下の育成」**です。

先ほどの3人には、この2つの視点が抜けてしまっています。

「組織はリーダーの力量以上にならない」という言葉がありますが、これを誤って解釈している方がたくさんいます。

「力量」を「能力」と勘違いしていて、すべての面においてリーダーが部下よりも優秀でなければならないと思っているのです。

リーダーと部下とでは果たすべき役割が違います。

たとえば営業の仕事なら、部下は常日頃からお客さまやお客さま候補の方と接しているため、情報を持っています。

それに対して、リーダーは部下と同じように現場に出ているわけではありません。ですから当然、部下のほうがリーダーよりも多くの情報や知識を持っています。

リーダーがこれに対抗意識を持って「自分もがんばらなくては」などと、部下と同じように現場の仕事に取り組んでしまうと、リーダーが本来やるべき仕事ができなくなってしまいます。

現場に介入しすぎてしまい、部下の仕事を奪ったり、やり方をいちいち指示するようになるかもしれません。部下が仕事をしづらくなってしまいます。

人は「指示された通りにやる」よりも、「自分で考えてやる」ほうがモチベーションが上がります。

ですから、仕事や権限は部下にどんどん配分しましょう。**部下の自主性に任せて権限委譲（エンパワーメント）をすることで、部下も成長します。**

最初は失敗することもあるでしょうが、気にしてはいけません。

たとえば、子どもの頃に補助輪なしで自転車に乗ろうとしたとき、最初からうまく乗れた人はいないでしょう。何度も転びながら、乗れるようになったはずです。

仕事もこれと同じで、まずは部下に失敗するチャンスを与えることです。

部下に成長してほしいと思うなら、彼らに自分の持っている情報やリソース、そして権限を与えたうえで、彼らが自分で考えたやり方でやらせます。

これが「部下（人）を育てる」ということです。

いつまでも「自分が」にこだわりつづける人はこの能力を獲得できず、やがては停滞や自己欺瞞に陥ってしまうのです。

POINT

部下に仕事と権限をどんどん配分して成長してもらうことで、チーム全体の業績は上がる。

「命令」ではなく「相談」する

ここでも、私の会社員時代のエピソードをご紹介します。

私の率いる営業チームはその月、成績が不調で、月末まで1週間を残すばかりとなっていたにもかかわらず、目標達成のめどは立っていませんでした。

ナンバー2の部下のT君と大口顧客に同行営業をしたあと、ランチをとっていたときのことです。

私「今月もあと1週間か……。T君は今月も進捗率120パーセント、10カ月連続達成で本当に助かっているよ」
T君「ありがとうございます。でも、チームが100パーセントいくか微妙ですよね」
私「微妙なところだね……」

T君「O君とM君がかなり足りていないですね。さすがにこいつらの分全部は、自分の数字で補えませんが、みんなで最後までがんばろうとメッセージを送りますよ」
私「オレがやらなきゃいけないのに。お言葉に甘えていいかな？」
T君「もちろんですよ。むしろ言ってもらったほうが、こちらもうれしいですから」

T君の号令が効いて、みんながかんばってくれたおかげで、なんとかチームは7カ月連続で目標を達成することができました。

一方、隣のチームを率いるリーダーKさんは、常に口うるさく部下に命令していました。

「おい、H、お前最後まであきらめるなよ！」
「お前、O社にフォローの連絡を入れたか？」

常に命令です。

若手に対してならまだしも、ナンバー2の部下に対しても命令だけです。

実は、かつての私もこのように部下に命令口調で指示を出していました。

リーダーは威厳を持っていなければならないと思っていたからです。

また、部下に相談を持ちかけるなんてリーダーとして恥ずかしいと思っていました。

「頼りないと思われたくない」「無能だと思われたくない」という思いがあったのです。

「リーダーは困ったことがあっても自分で解決する」「動かない部下は強制的に動かすべき」と思っていました。

背中で引っ張るリーダーに部下はついて来ると思っていたのです。

しかし、それは間違いでした。

リーダーもときには部下に弱みをさらけ出して相談したほうがいいということを、T君に教えてもらいました。

何よりそのほうが、部下も「自分ごと」として動いてくれます。

「相談」で部下のやる気を引き出す

仮に、あなたが部下に売り上げが目標に到達していないことを指摘するとします。

次の2つの言い方のうち、部下のやる気が出るのはどちらでしょうか？

1 「おい、あと1000万円、残り10日で何とかしろよ！」

2 「残り10日であと1000万円か……、なんとかならないかな？」

当然、2の言い方のほうが、なんとかしようと思うでしょう。

また、相談されたので、部下のほうも何か答えなくてはと思い、解決策を考えるようになります。このように、相談や質問の形式にすることで、部下に「考えてもらう」ことができるのです。

反対に、次のように言われたら、部下はどう思うでしょうか？

「おい、あと1000万円、残り10日で何とかしろよ！　来月のこともあるし、何か解決策を考えてくれ」

このような命令口調で伝えると、部下は「やらされ感」を抱きます。また、仕事を「丸投げ」されたようにも感じます。

ですから、部下に何かを頼んだり、仕事を任せたいときは「命令」ではなく「相談」の形にしましょう。

×「年末のパーティの会場を押さえておいて」
×「セミナーのチラシ作成、次回から任せたから」
×「来月からE社の担当よろしく」

言われたほうは押しつけられている気がしますよね。

相談形式に変えてみましょう。

○「年末のパーティの会場、どこがいいだろうか？　どこかおすすめの場所ある？」
○「セミナーのチラシの作成、次回から担当してもらえないかな？」
○「Gさんが異動したから、代わりにE社の担当をお願いできるかな？」

同じ内容ですが、相談形式にするだけで、言われたほうは「頼られているな」と感じますし、心理的安全性も満たされます。

それだけではありません。命令だと「やっつけ仕事」になってしまうかもしれませんが、相談ならば部下が「自分ごと」と感じて、仕事のクオリティも上がるでしょう。

POINT

指示を相談や質問の形式に変えると、部下が仕事を「自分ごと」として考えてくれる。

部下に仕事を任せないのはリーダー失格

たとえば、こんなケースがあったとします。

AさんとBさんはそれぞれ同じ会社で、別々の営業チームのリーダーをしています。

今は月末で、どちらのチームもあともう少しで目標を達成できるかどうかという状況です。

2人は部下の誰よりも営業力があり、プレイヤー時代は常に目標を達成しつづけてきました。

Aさんは、自分で新規顧客を獲得しようと営業していました。

それに対してBさんは、自分の担当のお客さまを部下に担当させ、そのうえで補佐役に回りました。

さて、あなたならAさんと同じような行動をとりますか、それともBさんのような行動をとりますか。

すでにおわかりかと思いますが、リーダーとして正しい行動をとっているのはBさんです。

Aさんはプレイヤーの仕事から卒業できていません。リーダー失格ともいえます。

140ページでも言いましたが、**リーダーの仕事はチーム全体の目標を達成することと、部下を育成することです。**

「ウチのチームのヤツらは自発的に仕事をしないんだよ」

こんなことを言うリーダーは、たいてい部下に仕事を任せていません。

部下に任せないで、いつまでも上司が仕事を抱え込んでいると、次のような問題が生じます。

① 部下が成長しない

たとえば、部下に確実にできる仕事しか任せていないといった場合、その部下は永遠に成長しません。

そのためには、予算案や販売計画の作成のような、今までよりも負荷のかかる仕事を任せるようにしましょう。

もちろん、丸投げするのではなく、要所要所であなたが確認します。

最初は手間取るかもしれませんが、慣れればできるようになるはずです。

仕事は「できるようになったから任せる」のではなく、「任せるからできるようになる」のです。

②長時間労働になる

リーダーがたくさんの仕事を抱えていると、夜遅くまで残業することになります。

リーダーが遅くまで会社にいると、部下も帰りづらくなります。

リーダーの中には会社では残業をせず、自宅に仕事を持ち帰るという人もいます。しかし、この場合コンプライアンス上の問題が生じたり、リーダー自身の健康に支障をきたす可能性があります。

また、リーダーが自分自身の時間を持てないと、読書をしたり、視野を広げるために社外の人と会ったりするなどの自己研鑽をする時間がなくなります。

リーダー自身の成長が鈍化すると、当然その人が率いるチームの成長も鈍化します。

③ リーダーの不在時に仕事が回らない

リーダーがやっている仕事を部下がある程度できるようになっていないと、リーダーが体調を崩したなどの理由で急に休んだときに、お客さまや関係者に迷惑をかける可能性があります。場合によっては仕事の信用をなくしてしまうかもしれません。

仕事を普段から任せるようにしておくことはもちろん、リーダー自身の属人的な暗黙知やスキルをメンバーが共有できているようにしなければなりません。

④ 部下に主体性が生まれない

部下に同じ仕事や簡単にできる仕事ばかりやらせていると、新しいことに挑戦する意欲が落ちてきます。何よりも、主体性が生まれません。

また、「失敗しないように」「ミスしないように」「怒られないように」と、最低限の仕事だけやっておけばいいやというメンバーも出てきます。

POINT

仕事は「できるようになったから任せる」のではなく、「任せるからできるようになる」。

部下に仕事を任せることのメリット

仕事を任せることは、部下だけでなくリーダーにとってもいろいろなメリットがあります。

リーダー自身の成長とチーム力のアップにつながります。

①リーダーとしての仕事に集中できる

そもそも部下に任せられるような仕事は、リーダーがやるべき仕事ではありません。

リーダーの仕事は短期的な目標の達成に加えて、チーム全体の長期的な目標を視野に入れて動くことです。

たとえば、新しい戦略を考えたり、商品開発といったことが長期的な視野に立った仕事といえます。

このような仕事に取り組むには、ある程度まとまった時間が必要になります。

その時間を作るために、部下に仕事を任せるのです。

② リーダー自身のコミュニケーション能力がアップする

部下が正しく動くためにはどのように教えなければならないかを考えたり、間違ったことを伝えないように注意しなければならないため、リーダー自身のコミュニケーション能力がアップします。

また、部下とコミュニケーションをとる時間を増やすことで、「部下の育成」というリーダー本来の仕事に集中することができます。

③ チームの働き方改革につながる

リーダーがお客さまとのやりとりをする時間が減るので、必然的に残業も減り、心身ともに良い影響があります。

リーダーが率先して早く帰宅するようになれば、部下も早く仕事を終わらせるようにするでしょう。

ただし、リーダーが自分の仕事を減らしたせいで、部下が残業をしなければならない恐れがある場合は、仕事のルールを変えるようにしましょう。

POINT

部下の成長はチーム力や業績の向上だけでなく、リーダー自身の成長にもつながる。

それでも部下に任せられないあなたに

ここまでお読みになっても、「部下に仕事を任せることのメリットはわかった。それでも、任せるのはやはり不安」という人は少なくないのではないでしょうか。

私自身もかつてリーダーになりたての頃、なかなか部下に仕事を任せることができませんでした。

任せたとしても次のようにしていましたから、部下も仕事を任せられたという感覚はなかったでしょう。

・やり方を細かく説明して、部下に何も考える（迷う）余地を残さない
・部下に任せておきながら、ムリだなと思ったら、すぐに仕事を取り上げる

はっきり言ってダメダメな状態でした。
では、多くの人が考えている「任せられない理由」を挙げてみましょう。

・部下に任せて失敗したら、お客さまの信頼を失うかもしれない
・未熟な部下を見て、取引先やほかの部署が心配するかもしれない
・わざわざマニュアルを作らなくてはいけないのが面倒
・教えるのに時間がかかるので、おっくうである
・失敗されたら、やり直しの作業が発生して、かえって手間がかかる
・失敗されたら、自分の人事評価に悪い影響があるかもしれない
・自分よりも部下のほうが仕事ができるようになったら、立場がない
・以前ほかの仕事を任せたときに失敗したので不安である
・前に仕事を任せようとしたが、本人が仕事を増やしたくないようで断られた
・「こんな仕事をやる必要性があるのですか?」と言われたことがある
・普段からミスが多いので、仕事をさせるのが正直コワイ

ほかにもいろいろあるでしょうが、ざっとこんなものだと思います。

細かい相違点はあるものの、「任せることができない」理由は、大きく分けると次の5つに分類できます。

1 部下が失敗するのが怖い
2 教える手間をかけたくない
3 自分の立場を守りたい
4 頼んで断られるのが嫌だ
5 部下のスキル・能力を過小評価している

任せられないメンタルブロックをはずす方法

さっそく5つの理由の解決方法を考えてみましょう。

①部下が失敗するのが怖い

もし、あなたが「部下が失敗したら、お客さまを失うかもしれない」と思っているならば、次の順に考えていきましょう。

・どのような失敗をしてしまうとお客さまを失ってしまうかを書き出す

最初に考えることはこれです。書き出してみると、漠然と「お客さまを失う気がする」「お客さまが不安に感じる気がする」といった「気がする」が多いことに気づくはずです。要は「思い込み」です。

・過去にそのようなことがあったか、あったなら原因を書き出す

過去に部下の失敗のせいでお客さまを失った経験があったかどうかを考えます。実際にあったら書き出して、そのときのことを冷静に振り返ります。

よく考えてみたら、本当の理由は別のところにあったなどということがしばしばあるものです。

どちらも具体的なケースが見つからなければ、あなたの杞憂《きゆう》にすぎないということです。

仮に、部下の失敗が原因だったケースが見つかった場合であっても、失敗を防ぐ方法はいくらでもあります。

たとえば、難しいところを自分が一緒にやるか、誰かほかの人と一緒にやらせる、あるいは最初のうちはその部分は任せないというのでもいいでしょう。

②教える手間をかけたくない

「教えるのにかえって手間と時間がかかる」

「マニュアルなんて作っている時間があったら、今溜まっている仕事に先に手をつけたい」

「やり直しが発生する可能性があるなら自分でやったほうが効率的だ」

このように思う人は多いかと思います。かつては私もそう思っていました。

しかし、あるとき「このままじゃ自分が忙しくなるばかりだ」と思って、マニュアルを作って、部下にその仕事を任せてみました。

マニュアルの作成には3時間ほどかかりましたが、任せた結果、月あたり10時間以上かけていたその仕事を自分がやる必要がなくなりました。

任せたおかげで、楽になったうえ、時間もトクしたわけです。

あるいは、仕事によってはわざわざマニュアルなど作らなくても、口頭で教えてみたら、ほんの10分や15分ほどで済んだ、あるいはすぐに部下が理解してくれたなどということもしばしばあります。

ですから、「教えるのに手間と時間がかかる」という思い込みを一度捨ててみることをおすすめします。

③ 自分の立場を守りたい

このタイプの人は、部下に仕事を任せることで「自分より仕事ができるようになったらどうしよう、追い越されたらどうしよう」と恐れています。

そもそもリーダーの仕事と部下の仕事は違うものです。

部下が仕事ができるようになれば、あなたのチームの成績は上がるため、それにともなってあなたの評価も上がります。むしろ喜ぶべきことなのです。

もう1つ、部下が失敗したときに責任を負うのが嫌だという人もいるかもしれません。しかし、こういう人は部下の権利を奪っています。

そもそも**部下は失敗する権利を持っています。失敗することで成長していくのです。**

自分の保身を優先して、部下の権利を奪ってはいけません。

④ 頼んで断られるのが嫌だ

部下が頼んだ仕事を断ってくる理由は、主に次の3つです。

① リーダーであるあなたとの信頼関係が構築できていない
② あなたの頼み方に問題がある
③ すでに、ほかの仕事で手いっぱいである

まず①に関してですが、まずはその部下と信頼関係をきちんと作ることです。

たとえば、1on1ミーティングをして、現在の仕事の状況や悩みなど思っていることをざっくばらんに話してもらうことで、距離を縮めていくというのがいいでしょう。まずはあなたから歩み寄りましょう。

ただし、そうはいっても最近よくある「年下の上司 対 年上の部下」のように、信頼関係を構築するのがなかなか難しい場合というケースもあるでしょう。

そのような場合は、その部下といい関係にある別の部下などにサポートしてもらって、3人で話すというのも手です。

②の「頼み方に問題がある」ですが、人は「やらされ仕事」は好きではありません。「これやっておいて」「仕事だから」「上から言われたから」などの理由で頼んでも、部下はその仕事に対して熱意を持つことはできません。

第2章（94ページ）でも説明しましたが、**「その仕事をやる理由」「その仕事が必要になった背景」をきちんと説明する**ようにしましょう。

こうした手間を面倒がってはいけません。

③の場合は、部下がどの仕事にどれだけの時間をかけているかを確認し、話し合ったうえで、仕事量を減らす工夫をしましょう。

5 部下のスキル・能力を過小評価している

部下が、何が得意で何が苦手かを把握することも、リーダーの大切な務めです。

ただそうはいっても、どんな仕事も実際に回数をこなさないとうまくできるようになりませんから、得手不得手を短絡的に判断するのも考えものです。

もしかしたら、以前頼んだときにはできなかったが、今では経験を積んでできるようになっているということはざらにあるでしょう。

たとえば、「あいつはパワーポイントが使えない」と思い込んでいたが、面談したら「今はできるようになっている」などというケースです。

「以前やらせたときにダメだったから、今度もできないだろう」と決めつけるのではなく、「もしかしたら、できるようになっているかもしれないから聞いてみよう」というくらいの気持ちで接してみましょう。

POINT

部下に仕事を任せられない理由のほとんどは、リーダー自身の思い込み。

部下の「できる／できない」を正しく見積もる

スポーツジムで普段40ｋｇのダンベルを持ち上げている人がいたとしましょう。

この人はジムに通って半年ですが、いつまでたっても40ｋｇのダンベルを持ち上げています。

しかし、負荷を上げていかないと、今以上の力は身につきません。

もし、この人にもっと力をつけさせたいと思ったら、40ｋｇよりも重いダンベルに挑戦させるべきでしょう。

ただし、このときには注意が必要です。

いきなり70ｋｇのダンベルを持ち上げさせようとはしないことです。

無理な挑戦をさせてケガをしてしまったり、失敗してモチベーションが下がってしまったりしたら元も子もありません。

ビジネスでいうと、売上目標を110パーセントに引き上げるのであれば、がんばれば達成できる可能性は高いでしょうが、いきなり150パーセント、200パーセントのアップとなるとおそらく無理でしょう。

たとえば、1時間に10件の事務処理をしている人に、「これからは11件にしてほしい」と言ったらそれほど時間がかからずできるようになるでしょうが、いきなり「15件にしてほしい」と言うと混乱してしまうでしょう。

確かに、それまでの実績に比べてはるかに高い目標を設定して、思考も仕事のやり方も大幅に変更する、いわゆる既存の考えをぶち壊して挑戦するべき局面もあるでしょう。

しかし、これは管理職クラスの人に当てはまる話です。

ヒラ社員に対していきなりハードルを引き上げても、うまくいかないケースがほとんどでしょう。

今よりも少し負荷がかかる仕事に挑戦させる

仕事は「安心ゾーン」「挑戦ゾーン」「混乱ゾーン」の3つの領域に分かれます。

「安心ゾーン」に入るのは、現在の能力や人員で問題なく取り組める仕事です。

普段からやっているルーティン仕事、過去に何度か経験していてスイスイできる仕事、得意な仕事などがここに入ります。無理をしなくても、ほぼ100パーセント確実にできる仕事です。

「挑戦ゾーン」に入るのは、現在の能力や人員では少しきつめの負荷がかかる仕事です。

たとえば、目標達成率110パーセントを目指すとか、それまで5人でやっていた仕事を4人でやるなど、少し工夫したり、あるいは時間をかければできる仕事です。

「混乱ゾーン」に入るのは、現在の能力や人員ではとうてい無理で、挑戦することで現場が混乱してしまう仕事です。

たとえば、目標達成率150パーセントを目指すとか、今まで5人でやっていた仕事を2人でやるといったことなどです。

リーダーは部下に「混乱ゾーン」の仕事はさせないように注意しなければなりませ

なるべく「挑戦ゾーン」の仕事に取り組ませることで、部下を成長させる

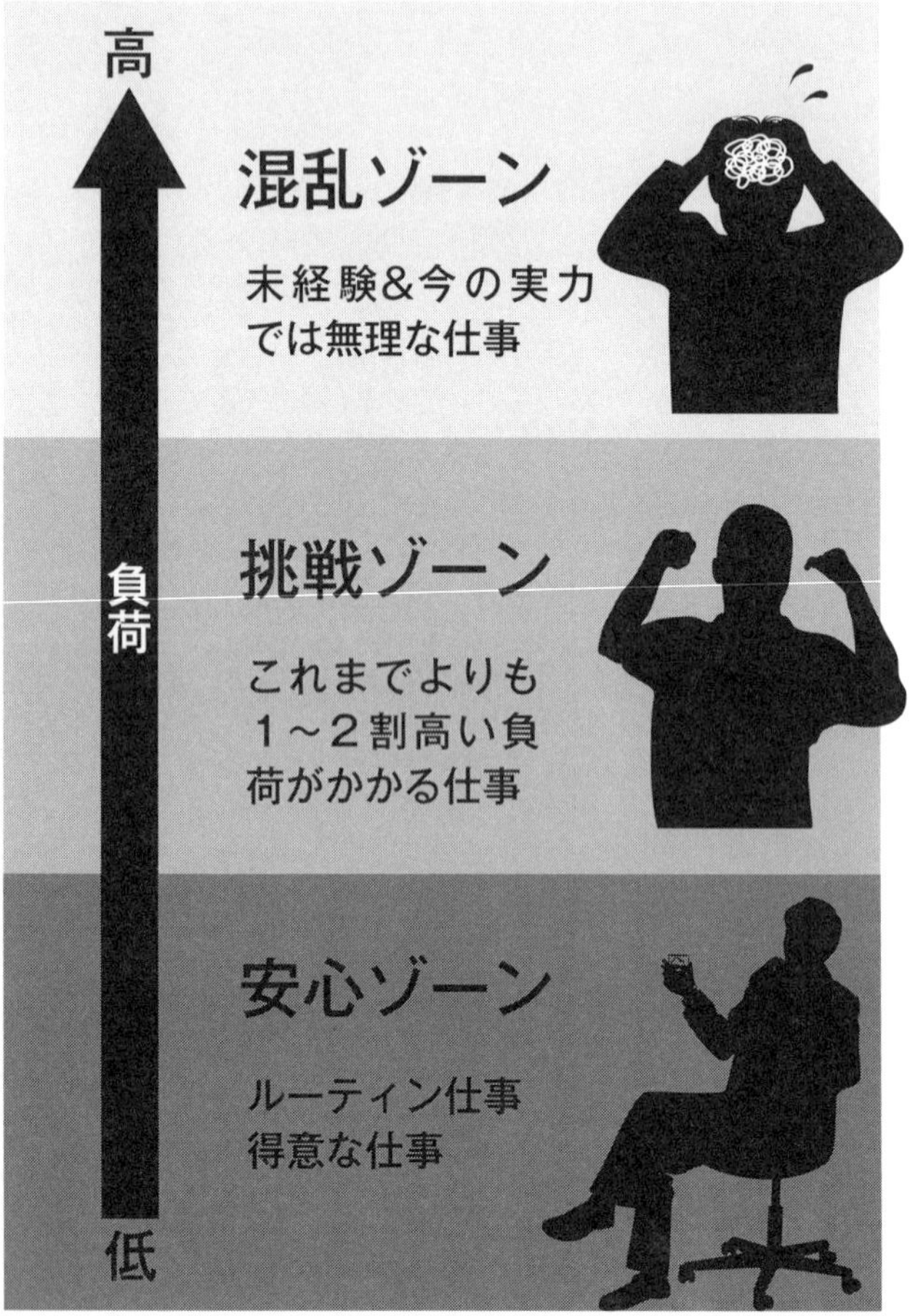

ん。無理してやらせると、潰れてしまう可能性があります。

たとえば、かつてその仕事をしたことがある経験者がメンバーにいてスムースに進むことが予想されるプロジェクトのリーダーの仕事は、若手社員にとっての「挑戦ゾーン」ですが、長期間にわたって運営が行き詰まっているプロジェクトリーダーの仕事は「混乱ゾーン」の仕事です。

部下の能力・スキル、あるいはその仕事にかかわるメンバー全員の能力・スキル、そして人数などを加味しながら「がんばれば、必ずできる」と見積もった「挑戦ゾーン」の仕事を任せるようにしましょう。

POINT

チーム全員が自分にとっての「挑戦ゾーン」の仕事に取り組んで、成長しつづけるようにする。

部下の成熟度に応じて任せ方を変えていく

部下に仕事を任せるときは、事前に5W3Hを整理してからきちんとすべて伝えましょう。

What……何をするのか、仕事の内容、最終成果物は何か
Why……背景、理由
How……どのような方法でやるか
When……期限、時期
Where……どの資料を参考にするか
Who……誰に聞けばいいか
How many……数量

Ｈｏｗ ｍｕｃｈ……金額、予算

一方、部下が仕事に慣れてきたらある程度、部下が自分で考える余地を作ってあげましょう。

そうすることで、部下にとって仕事が「自分ごと」になり、モチベーションも高まります。また、仕事のクオリティもアップします。

その際、注意するべきポイントは次の3点です。

① お互いの役割を明確にする

最初に任せた仕事に対して「どの仕事をしてほしいのか」「どこまでなら自分の判断でやっていいのか」「相談してほしいケース」などを明確に伝えておきましょう。

「最終的に部長に承認をもらいに行くのは私がやるよ」

「他部署との調整は私がやるよ」
「業者との連絡は君がやって」

②使えるリソースを明確にする

リソース（人、モノ、カネ、情報）をどれくらい使っていいのかを明確にしましょう。

「アシスタントの岩村さんを使ってもいいよ」
「去年のイベントの資料はサーバーの『1805展示会』というフォルダに入っているよ」
「外注する場合は、予算は20万円までね」

③確認の時期と場を決めておく

部下から自主的に中間報告に来てほしいと思うかもしれません。しかし、あなたが常に忙しくしていたら、部下は声をかけるタイミングをのがしてしまうこともあるでしょう。

リーダーのあなたにとっても、自分が忙しいタイミングで部下が報告に来るのは避けたいでしょう。

確認の時期と場は明確にしておきましょう。これには、先ほど紹介したオンラインカレンダーを利用するといいでしょう（129ページ）。

POINT

5W3Hと「お互いの役割」「使えるリソース」「確認の時期と場」をきちんと伝える。

〝あいまいな言葉〟は使わない

意図していたものと違う成果物があがってきたり、間違いが起こったりしないように、あいまいな言葉（指示）は避ける必要があります。

①形容詞・副詞は使わない

「できるだけ大きな会議室を予約しておいて」という言い方をしたら、50人収容の会議室を予約する人もいれば、２００人収容の会議室を予約する人もいます。

たとえば、あなたが部下に「明日の午後早めの時間までに資料を作成しておいて」と言ったとしたら、部下はいつまでに仕上げてくるでしょうか？　午後1時でも2時でも正解でしょう。

よく使われている「なるはや（なるべく早く）」も注意が必要です。

たとえば、あなたは1時間くらいでやってほしいと思っているのに、頼まれた部下は「〝すぐ〟にではなく、〝なるべく早く〟だから、ほかの仕事を終えてからやろう」と3時間後に持ってくるかもしれません。

そのほか「多い」「少ない」「かなり」「たくさん」など形容詞・副詞もなるべく使わず、数字を使うようにしましょう。

「いつもより多めで」
↓
「今回は15個で」

「かなりの方が申し込まれています」
↓
「40名の方が申し込まれています」

さらには比較対象がある場合は、数字を2つ以上使うといいでしょう。

「いつもより多めで」

←

「今回は15個で」

←

「前回は12個でしたが、今回はいつもより多めの15個で」

「かなりの方が申し込まれています」

←

「前回は50名の方が参加されていましたが、今回は40名の方の申し込みがありました」

2つ目の例の場合、多いのかと思いきや、実は前回よりも減っているということに気づけるわけです。

② 解釈に幅のある言葉は使わない

もし取引先の担当者から「今週中に資料をメールで送ってください」と言われたとして、あなたはいつまでに送ればセーフだと思いますか？

私が講演や研修で、受講者の方々にこの質問をすると、それぞれが異なった答えが返ってきます。

早い方は、「木曜日の夜23時59分まで」と言います。最終日の金曜日が始まる前が締め切りだと考えるそうです。

そのほか多い答えは「金曜日の16時まで」「終業時間である金曜日の18時まで」など、相手が会社にいると推定される時刻までです。

ちょっと変わった答えとしては、日付が変わる「金曜日の23時59分まで」というものもありましたが、もちろんこれも一応「今週中」ですから、原則的には問題ないかと思います。

ただ、相手がどう思っているかは別の話です。

もし相手が「金曜日の終業時間（18時まで）」が締め切りと思っているのに、23時59分に送ったら「遅延」になってしまいます。

ビジネスにおいては、解釈に幅のある言葉はなるべく使わないようにしましょう。

これは自分で気をつけるだけでなく、部下にも徹底させるようにすることで無用な行き違いを防ぐことができます。

③「だと思う」「〜みたいな感じ」は使わない

確信が持てない場合、つい「だと思う」「〜みたいな感じ」といったあいまいな表現を使ってしまう場合があります。

リーダーがこのような言葉を使うと、部下は不安になります。人によっては、あなたのことを自信がないリーダーだと思ってしまうかも知れません。

たとえば、あなたが部下だったとして、上司から「この資料いい感じだね」と言われたとします。どのように思うでしょうか。

悪くはないということはわかるが、具体的に何がいいのかはっきりしないと感じるはずです。すると、次の仕事に「いい感じ」を反映させることができないかもしれません。

④具体的にどう動いたらいいか不明な指示をしない

もしかして、あなたは部下に次のような指示をしていませんか？

「もっとインパクトのある企画書にしろ」
「ミスがないように注意を徹底しろ」
「新規顧客の獲得に重点を置きなさい」
「意識を高めていけ」

これらの言葉は具体性に欠けるので、言われたほうはどのように行動したらいいかわかりません。

たとえば、「もっとインパクトのある企画書にしろ」は、「タイトルのデザインを目立つようにしてほしい」「魅力的なキャッチコピーを考えてほしい」などと具体的な言葉に変えるようにします。

「意識を高めていけ」などの精神論的な言葉も具体性がないので、「月末までに売り上げをあと100万円上乗せしてほしい。そのために顧客への訪問回数を2倍にしてほしい」など、具体的な言葉や数字とセットにするようにしましょう。

POINT

指示をする際は、あいまいな表現や形容詞・副詞を使わず、具体的な言葉と数字を使う。

最終的な責任は必ず「上」が取る

部下がリーダーに相談して決めたことがうまくいかなかったり、任せた仕事のクオリティが良くなかった場合であっても、部下のせいにしてはいけません。

部下に対してこんなことを言う人をよく見かけます。

「君がいいと言ったから決めたのに、全然使えないじゃないか」
「今回のチラシ、君の案を採用したのに、来店者数が全然増えないじゃないか」

もちろん、うまくいかなかった要因を分析する必要はありますが、最終的な責任はリーダーが取らなければいけません。

部下に責任を押しつけてしまうと、次回から挑戦しないようになってしまいますし、何よりやる気をなくしてしまいます。場合によっては、信頼を失うかもしれません。

ただし、このとき注意すべきことは、部下の責任をゼロにしないことです。

責任をゼロにしてしまうと、人によっては「言われたことを最低限やっておけばいいや」などと思うようになり、仕事に真剣に取り組まなくなる可能性があります。

リーダーと部下で責任を分担する

仕事における責任は、主に次の3つに分けられます。

① 遂行責任
② 報告責任
③ 結果責任

部下に何か仕事をしてもらった場合は、「① 遂行責任」と「② 報告責任」を部下の責任にします。

そうすることで、部下が途中で投げ出すことなく、やり切りますし、報告もきちんとしてきます。また、仕事のクオリティも上がるでしょう。

ただし、「③　結果責任」はリーダーの責任にします。

そうすることで、部下も安心して仕事を進めることができます。

なお、**部下が仕事を遂行できなかった場合、リーダーにまったく責任が生じないという考えはナンセンスです。**

やはり管理職なのですから、結果責任は生じます。

もし、部下が未熟で心配な場合は、確認の回数を増やすようにしましょう。

POINT

部下は「遂行責任」と「報告責任」を負い、リーダーは「結果責任」を負う。

部下のモチベーションの源泉を知っておく

先ほども言いましたが、部下に仕事を任せるときに背景や理由を伝えることはとても大切です。

だからといって、すべての部下に同じように「君の仕事はクオリティが高くて安心できる」とか「この仕事をうまくできれば評価が上がるよ」などという一辺倒の言い方では、あまり効果がないでしょう。

むしろ、「仕事を頼むときだけ、調子のいいことを言って」とか「みんなに同じことを言ってるくせして」などと思われてしまうかもしれません。

人はそれぞれ性格や得意なことが違います。モチベーションの源泉だって人それぞれです。

ですから、**その人ごとに頼み方を変えるようにしましょう。**

つまり、「こういった仕事だから○○さんに頼みたい」と、「なぜあなたに任せるのか」をきちんと伝えるのです。

各タイプの特徴と、それぞれがやる気を出すポイントについてまとめてみます。

① キャリアアップ志向の部下

昇格・昇給など、自分のポジションをどんどん上げていきたいタイプです。

会社や上司からどのように評価されるかを重視する傾向にあります。

そこで、頼むときに昇格・昇給につながる仕事であることを伝えましょう。

すぐに昇格・昇給につながらなくても、「1つ上のポジションに行ったときに役に立つよ」という言い方でもいいでしょう。

「自分は将来のリーダー候補と見られているのだな」と本人もうれしく思い、モチベーションが高まります。

具体的にはこんな感じです。

「このプロジェクトを成功させれば、心おきなく昇格を推薦できるから、そのためにも、まとめ役（非公式なリーダー）を引き受けてほしい」

「内藤君と鈴木君の２人の指導を○○さんに任せたいんだ。後輩を指導することで、マネジメント力が身につけられるよ。将来リーダーになったときに役に立つから頼むよ」

② リスク回避志向の部下

リスクを避けて、仕事を無難に進めたいと考えるタイプです。

失敗をして評価が下がるのを恐れています。

新しいことに率先して取り組むより、失敗するくらいなら今までの仕事のやり方を変えないほうがいいと考えます。

「今うまくいっているのになぜ変える必要があるのですか？」と反論してくることもあります。

ポイントは「リスクは小さいから安心してほしい」と伝えることです。

「関連部署への根回しは済んでいるから大丈夫」
「昨年のプロジェクトを担当したメンバーにも3人入ってもらっているから」

③ チャレンジ志向の部下

キャリアアップ志向の部下と同じように前進することを好むタイプですが、どちらかといえば「新しい」「変わった」「業界初」「前人未踏」などといった言葉がつく仕事をやりたがります。

誰もが登れる山よりも、ほかの人が登りたがらない、困難な山に登りたいと考えるタイプです。

「まだ誰もやったことのない企画」「これができれば、業界に革命を起こせるよ」などと言うと、モチベーションが上がります。

反対に「誰にでもできるから安心して」「これまで失敗した人はほとんどいないから」などと言うと、「ならば自分じゃなくてほかの人がやればいいじゃないか」とモチベーションを下げてしまいます。

「この案件はほかの人じゃできない。ぜひ君にチャレンジしてほしいんだ」
「この企画が成功すれば、他社に対して大きなアドバンテージがとれるようになるよ」

このように本人をワクワクさせる言葉を使って頼むのがポイントです。

④ 自由志向の部下

このタイプは、ガチガチに管理されることを嫌います。
100パーセント、マニュアル通りにやらなくてはならない、言われた通りのことしかやってはいけないなどの「制限」のある仕事を嫌います。

もともと柔軟性があり、発想力も豊かな人です。
自分で仕事の進め方を工夫したり、アレンジしたりすることを好みます。
逆にそれができないと、仕事へのモチベーションが大いに下がってしまいます。
そこで次のように頼むと張り切ってくれます。

「今回はクリエイティビティが求められるから君にお願いしたんだ」
「この3点を押さえたうえで、自由な発想で企画書を作ってもらえるかな」

POINT

部下の性格や能力、モチベーションの源泉を把握したうえで、その人に合った頼み方をする。

任せた仕事を部下が失敗してしまったら？

任せた仕事を部下が失敗してしまったときの対応方法をご紹介いたします。

ここでは、クレーム対応やコンプライアンスの観点ではなく、本書のテーマである「リーダーシップ」「部下の育成」という観点に沿ってお伝えします。

① 1度失敗したからといって仕事を奪わない

部下が1度でも失敗すると、その仕事を取り上げてしまい、2度とやらせないというリーダーがいます（恥ずかしながら、かつての私がそうでした……）。

ひどい人になると、その部下の能力がすべてにおいて低いと評価し、一切の仕事を任せなくなってしまうリーダーもいます。

あるいは、任せたとしても誰にでもできる簡単な仕事ばかりをやらせて、部下が新しいスキルや仕事筋（仕事の筋肉）を身につける機会を奪ってしまうというケースもあります。

1度失敗したからといって部下から仕事を取り上げてしまうのは、子どもに補助輪なしの自転車に乗らせる練習をさせて、1度転んだら取り上げてしまうのと同じです。

そもそもスキルアップにつながるような仕事筋を身につける仕事を最初から成功できる人はほとんどいません。

仮に1度目から成功しても、まだまだ改善の余地があるというケースも少なくないでしょう。

リーダーは、部下が失敗しても、反省させたうえで、再び挑戦させるようにしましょう。

現在、ソフトバンクホークスの会長であり、ホームラン世界最多記録を持つ元読売巨人軍の王貞治《おうさだはる》さんもデビューしてから26打席連続で無安打だったそうです。

もし、当時の水原茂監督が王選手を途中で見切っていたら、「世界の王さん」は誕生しなかったのではないでしょうか。

② 自分が失敗したときのことを思い出す

あなた自身が、若い頃に新しい仕事に挑戦して失敗したときのことを思い出してください。

それでもあなたの上司は、仕事を任せつづけてくれたのではないでしょうか。

その失敗を経験したことで、自分が成長できたことを思い出しましょう。

もし、「そんなことはなかった。私は仕事を取り上げられた」という人がいたら、同じような嫌な思いを部下にさせないようにしようと考えてください。

先ほども言いましたが、部下には「失敗する権利」があります。くれぐれもそれを奪わないように注意しましょう。

③ つまずきやすいポイントを明確にして次に備える

部下がその仕事のどの部分でつまずいたのかを明確にしておく必要があります。

ある仕事でつまずくポイントは、たいていの場合、ほかの人にも共通しています。

たとえば、A君がつまずいたポイントは、次に別の人が挑戦するときにも再びつまずく可能性が高いでしょう。

ですから、つまずいたポイントを記録しておいて、再挑戦するときに見直すようにするといいでしょう。

そうすれば、次に同じような仕事をするとき、成功率は高まるはずです。

POINT

部下は失敗を積み重ねることで成長するので、失敗しても仕事を奪わず、再び挑戦させる。

第5章

リーダーのための"自分を育てる"仕事術

ムダを省き、時間という経営資源を節約する

一般的に経営資源といえば「ヒト・モノ・カネ・情報」をさします。

リーダーになったら、経営資源をムダなく使うことを意識する必要があります。

特に大切なのが、ヒトとカネがかかわる「時間のムダづかい」に気をつけることです。

職場には3つの大きなムダがあるといわれています。

・ダラダラと時間ばかり浪費して何も決まらない会議
・何のために作っているのかわからない膨大な資料
・対応に時間を取られる長文メール

これら3つを完全に消し去らなければならないというわけではありません。

重要なのは「多くのムダを生み出す」惰性の部分と「仕事の成果につながる」エッセンスの部分をうまく切り分けたうえで、ムダな部分を削減するということです。

ムダな部分とは、たとえば、不必要な記入項目が多い日報やほとんどの人が見ない資料などがそれに当たります。

会議を見直すと時間のムダがぐっと減る

さて、3つの中で特にムダが多いのが会議です。

大切なことはまったく決まらないのに、定例になっているからという理由だけで、ほとんど惰性で行なわれているような会議は、どこの会社にもあるのではないでしょうか。

会議には人件費というコストがかかっています（出席人数×各人の時間給）。ですから、本来であれば、なるべく回数を減らしたり、短時間で成果を生むように運営するべきなのです。

もちろん、経営陣や上級リーダーが参加する意思決定会議など、重要な会議もあるため、すべての会議の回数や時間を減らすことはできないでしょう。

ただ、あなた自身が開催を決めたり、進行をコントロールできる会議もあるはずです。まず自分のチームの会議を見直すところから始めましょう。

ところで、会議には次の3つの種類があります。

1　自由に意見やアイデアを出し合うブレスト会議
2　情報の共有を目的とした会議
3　意思決定のための会議

これら3つをそれぞれムダなく、効果的なものにする必要があります。

それでは1つずつ見ていきましょう。

① 自由に意見やアイデアを出し合うブレスト会議

この会議は具体的に何かを決めるわけではないし、参加者がその場で思いついたことを発言するだけなので、一見、何も成果を生まないムダな会議のように思えます。

確かに、短期的な視点からはムダかもしれませんが、実は長期的な視点で考えると必要な会議なのです。

現代は変化のスピードが速いため、新しいサービスや商品を作ってもすぐに陳腐化してしまいます。

こんな時代を生き残るには、**常に新しいアイデアを出して、新商品や新サービスをリリースすることが必要**になってきます。

とはいえ、人はなかなか既存の思考の枠からはみ出して考えられないものです。新しいアイデアを出そうといくらがんばっても、どうしても既存の商品やサービスの延長線上のものになりがちです。そこで、思考の枠組みをはずせるブレスト会議のような場が必要になるのです。

ただ、ブレスト会議を活性化するためには意識しなくてはならないことがあります。

それは、若手メンバーや遠慮がちなメンバーが発言しやすい雰囲気を作ることです。

たいていの会議は、リーダーをはじめ、声の大きな人や年長者、あるいは高い業績をあげている人ばかりが話してしまう傾向にあります。

また、こうした人たちは、若手の稚拙な意見や実現可能性の低そうなアイデアを即座に否定することも少なくありません。すると、気の弱い人や若手が発言しづらくなってしまいます。

そこで、リーダーはそうならないように、全員が発言しやすい雰囲気作りをしなければなりません。

なお、ブレスト会議は結論を求めないため、時間が長くなりがちなので、注意が必要です。

たとえば、今日は30分などと、あらかじめ時間を区切っておくとよいでしょう。

② 情報の共有を目的とした会議

定例の報告会議などがこれに当たります。

会社によっては上級リーダーが遠方の支社から毎週1回本社に集まるというようなところもあるでしょう。

この手の会議には、対面によるコミュニケーションがとれるというメリットはありますし、単なる報告以外にも貴重な意見が出るということもあるでしょうから、いちがいにムダとはいえません。しかし、出席者の移動時間や交通費などを考えると、ムダが多いのは確かでしょう。

回数を減らしたり、スカイプやズームなどのTV会議システムを活用したりすることで、支社からわざわざ足を運ばなくても参加できるようにすることを検討してもいいでしょう。

③ 意思決定のための会議

このような会議は上層部の決めごとであったり、ルール化していて、リーダーの権限ではやめることができないケースも多いものです。

そのうえ、参加者が多すぎて話がまとまらなかったり、結論が出なかったり、ときにはアクションにつながらない場合があり、ムダになりがちです。

改善のポイントとしては、参加人数を絞ることを考えましょう。

「この人には出てもらっておいたほうがいいな」と考えると人数が増えてしまうので、反対に「この人がいなかったらどうなるか」という方向から考えて、いなくても特に問題がないようであればその人にははずれてもらうようにします。

そうすれば、参加しなかった人は、会議に費やすはずだった時間を別の仕事に当てられるわけです。

また、決定事項をアクションにつなげることも大切です。

そのためには議事録に「いつから取りかかるか」「誰がやるか」などを明記する必

要があります。

なお、よく見られるのが、議事録に「誰が何を言ったか」までを記録するケースですが、これも時間のムダです。そもそも詳しい議事録を書くだけでは、何も生み出しません。議事録の作成時間は短縮しましょう。アクションプランだけを明記して、なるべく会議が終わるのと同時に議事録が完成しているようにしましょう。

ただし、いくらアクションプランをしっかり決めたとしても、行動しなければ意味がありません。

リーダーは、きちんと実行しているかを確認し、フィードバックし、修正を繰り返していく必要があるのです。

POINT

会議の回数、時間を減らしたり、出席者や運営方法を見直すことで、経営資源を効率的に使う。

「鳥の目・虫の目・魚の目」を身につける

私が会社員時代にチームリーダーを務めていたときのことです。

あるとき、私は役員を交えたミーティングに出なければならなくなったので、若手の榎本君が作った企画書のチェックを、ベテランの伊藤さんにお願いすることにしました。

会議の準備をしていると、2人のやりとりが耳に入ってきます。

伊藤さん「榎本君さあ、まずこの企画書、全体的にフォントが小さいよ。本文は16ポイントじゃなくて18ポイントを使わなきゃ」

榎本君　「はい」

伊藤さん「ほら、ここ。誤字があるよ。あとこの円グラフの色、ワントーン落としたほうがいいよ」

榎本君　「はい……」

心配的中です。

伊藤さんは視野が狭いのです。全体を見ず、部分だけを見てしまうクセがあるのです。

私が、伊藤さんにチェックしてほしかったのは、全体のバランスだったり、きちんと相手に伝わるメッセージになっているかだったのです。

私は伊藤さんに後輩を指導する機会をなるべく増やすことで、彼自身の「木を見て森を見ず」的な傾向に自分で気づいてもらい、変わってもらおうとしたのですが、私の在職中ずっと変わりませんでした。

そして、伊藤さんはいつまで経っても昇格することはありませんでした。

ビジネスの全体像を見る3つの目を持つ

リーダーには、視点を高く、視野を広く持つことが要求されます。つまり、ビジネスの全体像を見なければならないのです。

そのためには、「鳥の目・虫の目・魚《さかな》の目」の3つが必要です。

チームのメンバーは、それぞれ自分が担当する領域や作業を中心に考えてしまうので、視点が偏り、どうしても全体像が見えにくくなってしまいます。

そこでリーダーが、鳥の目を持ち、高い視点から全体を把握するようにし、虫の視点で現場をより深く見ていく必要があります。

さらに魚の目（流れを見る目）も重要です。目には見えない仕事の流れ、関係者の気持ちなどを予測したり、それを的確に感じ取りながら、メンバーに方向性の修正を指示していくのです。

それぞれ具体的に見ていきましょう。

〈鳥の目〉

できるだけ高い視点からビジネス全体を把握することです。

自分のチームだけではなく、さらに上の全社的な視点を持つようにしましょう。

「A社を攻めるなら、IT事業部と連携を取ったほうがいいな」

「この商品は、西日本事業部でもかなり取引があるから、メーカーに仕入れ値を下げてもらえるかもしれないな」

「C社との取引は会社全体でいうとかなりの量になる。第3営業部と相談して、3人くらい専属の担当者をつけるようにしようか」

「F社は全社的な視点で見ると手間がかかっている割には売り上げが大きくないな。今までは特別価格で卸していたけど、これからは正規の価格に戻してもらおうかな」

自分たちが検討すべき課題が、企業全体、部門全体の中でどういう位置づけになるか、他部署と提携できないかなど、全社的、ときには業界的な視点から考えます。

〈虫の目〉

虫の目では、成果物のできあがりの全体感のレベルを見ます。

先ほどの例で紹介した伊藤さんに持ってほしかった視点です。

たとえば、営業などでプレゼンするために数十枚に及ぶパワーポイントのスライドを作る作業ならば「どうしたらお客さまに興味を持ってもらえるか」「受注につながるのか」の視点、これが「虫の目」の視点です。

章立てや各ページのページタイトル、メッセージ、全体のコンテンツのイメージなどをラフ案で書いて、担当者全員で成果物の全体像のイメージを共有します。

この視点がなくては適正な成果物を作ることはできません。

〈魚の目〉

仕事や人の気持ちなどの「流れ」を読む感性や分析力です。

「今回の企画書は、担当者が役員会で決裁してもらう必要がある。もしかしたら、あとから今までの制作実績の提出を求められるかもしれない」

リーダーに必要な３つの目

「先方の決算が６月だから、４月までにはこのイベントを実施したいのだろう」
「ライバルC社が４月に渋谷に支店を出すことがわかった。地域をローラー営業してくるだろうから、３月までに主要顧客50社を部下と同行営業しておこう」
「今年の夏は例年以上に暑くなることが予想される。来月末には昨年売れた商品Aのキャンペーンを案内できるように、今月のうちに企画を進めておこう」

このように、今後起こり得る出来事を予測して対策を立て、事前に動いていくようにします。

POINT

「鳥の目・虫の目・魚の目」を身につけて、ビジネスの全体像を把握し、流れを読む。

綿密な計画よりも、まず行動する

あなたの部下に次のような2人がいて、それぞれに売り上げ目標を与えたとします。

Aさんは、リスクを恐れるタイプです。

仕事に取りかかる前に、できるだけたくさんの情報を集めます。そのあとで考えられるさまざまな局面から調査・分析を行ない、その結果をベースに意思決定をしてから行動します。

一方のBさんは、こうでないかという仮説を思いついたら、まずは行動してみます。そのうえで、この仮説は違うなと思ったら、また別の仮説を考える。

リスクを恐れず、まずは行動してみるタイプです。

どちらの部下のほうが、目標に到達したでしょうか。

もちろん、Bさんです。

「仮説」とは、情報収集の途中や分析作業をする以前に設定する「仮の答え」のことです。

そして、**「仮説思考」とは情報が少ない段階から、常に問題の全体像や結論を考えつづける思考スタイル、あるいは習慣**です。

つまり、小さな失敗を繰り返し、それを修正していくことで、正しい答えに近づくということです。

このように書くと「そんな根拠のない当てずっぽうなことを実行しても大丈夫か？」と思う人もいらっしゃるでしょう。

先ほどのAさんのほうが一見手堅そうには見えます。

Aさんがやったように、考え得るさまざまな局面から調査・分析を行ない、その結果をベースに結論を組み立てる思考方法を「網羅思考」といいます。

この「網羅思考」は一見よさそうですが、次のような弊害があります。

1　情報をできるだけたくさん集めて、そのすべてを分析するため、とても時間がかかる。つまり、情報洪水に埋もれてしまうのです。

2　プロジェクトを行なう場合でも、終盤にならないと全体像が見えてきません。そのため、「ここが重点領域だから深く掘り下げよう」と思っても、もはや使える時間があまりなく、中途半端になってしまうということが多々あります。

3　時間をかけて導き出した結論が100パーセント正解であるという保証はありません。新しく取り組む仕事で、100パーセント必ずうまくいくというケースはまれです。
また、結論が間違えていても、やり直している時間はありません。

動きながら「最適解」を探す

期限までに仕事を終わらせることができない理由の大半が「着手が遅い」ことです。

仕事が早い人の中には「着手しさえすれば、その仕事は半分終わったようなもの」と言う人もいます。

とにかく最初の一歩を踏み出すことが大切なのです。

それにはBさんのように、まずは仮説を立てて動いてみることです。

「完璧な計画を立てる」のではなく、「もっともらしい」仮説を立てて「動きながら」考えるようにしましょう。

じっくりと「完璧解」を探すのではなく、動きながら「最適解」を探すようにしましょう。

最初は立てた仮説が的外れなものになることも多いでしょうが、失敗して気づくこともあります。

なぜ失敗したか、うまくいかなかったかを考え、「次はあそこを変えてみよう」「今度は別のやり方を取り入れてみよう」などと試行錯誤しながら、少しずつ正しい方向に向かって修正していけばいいのです。

もしかしたら、仮説を立てても間違いを何度も繰り返していたら、網羅思考と同じくらい時間がかかるのではないかと思う方もいるかもしれません。

しかし、それでも仮説思考のほうが結果的には早く成果をあげられます。

網羅思考を用いると、考えられる課題を抽出し、すべてを検討する必要があります。課題は数十個、ときには数百個もあるため、当然、検討に時間がかかります。

また、調べたり考えたりする領域が広くなるため、1つ1つが浅い分析になってしまいがちです。

それに対して、仮説思考は、ある1点を深く調べるため、問題の本質に近づきやすくなるのです。

リーダーは自分の仕事だけでなく、チーム全体の仕事を仮説思考で進めるように指導しましょう。

POINT

「仮説思考」のほうが仕事はスムースに進むので、思いついたらどんどん行動する。

実際に仮説を立ててみる

前項で紹介した「仮説思考」をさっそく実践してみましょう。
仮説思考は、真の問題が何かを発見し、解決策を考えるうえで有効に機能します。
実際に問題を解決する場合、次の3つの段階を踏んでいきます。

第1段階　問題発見の仮説を立てる
第2段階　問題発見の仮説を検証する
第3段階　問題が正しく発見できたら、問題解決の仮説を立てる

たとえば、あなたが営業部のあるチームのリーダーだったとします。
あなたのチームの第1四半期の業績はかんばしくありません。

昨年前年比で70パーセントと落ち込んでいます。
しかし、会社全体では前年比105%と、むしろいい状態です。
あなたは、第2四半期に向けて立て直しを図ろうと考えています。
この場合、どのように進めていけばいいのでしょうか。具体的に見ていきましょう。

〈現状の問題点〉営業成績が低迷している

【第1段階　問題発見の仮説を立てる】
仮説①　提案書に問題がある
仮説②　商談で話す内容（トーク）に問題がある
仮説③　お客さまへの訪問回数や面談時間が少なくなっている

仮説思考では、網羅思考のように考えられることを何十個も洗い出す必要はありません。

多くても3つくらいで十分でしょう。

【第2段階　問題発見の仮説を検証する】

仮説①の検証……提案書はほかの支店も同じものを使っている。ほかの支店では実績が上がっているので、特に問題はないと思われる

仮説②の検証……商談でどんなトークをしているかを調べるために、成績が低迷しているメンバー5人と同行。修正点がないわけではないが、特に大きな問題はなさそう

仮説③の検証……メンバー10人の営業報告書を見てみると、明らかに訪問件数が減っている。特に直近3カ月に関しては、昨年同時期は週当たり平均9・2件だったのに対して、今年は4・9件と大きく落ち込んでいる。それに応じて面談時間も減っている

このように仮説を1つずつ検証して、「違う」とわかったら、次の仮説の検証に進めばいいのです。

仮説が誤りであっても気にする必要はありません。

まずは仮説を立ててみることが大切です。そうしなければ何も進みません。

この場合、仮説③の「お客さまへの訪問回数や面談時間が少なくなっている」が問題だと判断できます。

そこで、お客さまへの訪問回数と面談時間を増やすための方法を考えます。

この場合も、網羅的に訪問回数や面談時間を増やすための方法をリストアップすることはできますが、それはせずに、まず問題解決の仮説を立てるのです。

【第3段階　問題解決の仮説を立てる】

仮説④　営業活動以外の業務に費やす時間を削減する

仮説⑤　営業ルートを効率的に回るようにする

そのうえでさらに具体的な打ち手になる仮説を立てていくのです。

たとえば、「仮説④　営業活動以外の業務に費やす時間を削減する」ということであれば、次のような具体的打ち手の仮説を立てることができます。

・売り上げにつながらない日報の記入項目を減らして、簡潔にする
・週2回行なっている営業活動の報告を兼ねたミーティングを週1回に削減する
・営業事務をするアシスタントを採用し、現状の1人から2人体制に戻す

このあとで具体的なアクションプランに落として1つ1つ検証し、試していけばいいのです。

POINT

仮説が間違えていても気にせず、次の仮説を検証し、試しつづけることで正解に近づく。

問題をいっぺんに解決しようとしない

仮説に基づいてアクションプランを立てたら、優先順位の高いものから集中して取り組みます。

優先順位をつけるときには、重要度と緊急度のマトリックスを使います（226ページ、図1）。

案件を「重要度」と「緊急度」に分けて優先順位をつけていくやり方です。

この場合、①②③④という「緊急度」を基準に順位づけをしてしまいがちですが、本来は「重要度」を基準に順位づけするべきです。

ですから、①③②④の順番で優先順位を決めていくのがいいでしょう。

あと回しにしがちな③の象限にある「緊急度の低い重要な仕事」は時間が経つにつれて、「緊急度も重要度も高い仕事」になっていくので、注意が必要です。

本来であれば、「重要度」を基準に優先順位をつけるべきですが、実際にはアクションプランを「緊急度」と「重要度」で判断するのは難しいものです。

また、「重要度」は客観的に判断する基準がなく、メンバー各々の思いやイメージなどで順位づけしてしまうことも少なくありません。客観的な数値で判断するべきであり、その数値を出せるのが「成果」です。

そもそも同じくらいの手間がかかる仕事が2つあったら、売り上げや利益の高いほうの仕事を優先させるのは当然です。

だからといって、人員や金額、あるいは技術など現状持っている資源の範囲では難しいもの、あるいはすでに受注業者が実は決まっていて、比較材料を得るために「当て馬化」されている仕事はあと回し、あるいはやらないという選択が必要です。

そこで、「成果」の大小と「実現度」の高低という2つの視点で比較するマトリックスを作ってみます（228ページ、図2）。

前項の営業活動以外の時間を減らすアクションプランでいえば、成果の度合いは削減できる時間の大小であり、実現度は、たとえば「上長が妨害する、あるいは実行を許可しない」といった場合は低くなります。

上長がOKしてくれそうならば、実現度は高くなります。

よって「成果」の大小と「実現度」の高低を基準に優先順位をつけることをお勧めします。

そのうえで「緊急度」より「重要度」を実現したように、成果を第一基準に①②③④の順番で、優先順位づけをしていきましょう。

POINT

仕事を「成果」の大小と「実現度」の高低という2つの視点で比較すると、優先順位が見える。

高

①重要度も緊急度も高い仕事

・役員から急に頼まれた報告書の作成
・来週の経営会議の資料作成
・目標に到達していない部下との面談
・定例の評価面談
・部下が起こしたミスへのクレーム対応

③重要度は高いが、緊急度が低い仕事

・来季の商品ラインナップの見直し
・部下への担当顧客の引き継ぎ
・評価面談ではない部下との１on１ミーティング
・来期の予算計画書の作成
・来年度に昇格する見込みのある部下への指導
・パフォーマンスの高い部下との面談
・他部署のリーダーとの情報交換
・多発しているミスの要因分析と対策

図1　重要度と緊急度のマトリックス

低　重要度

高

②重要度は低いが、緊急度が高い仕事

・担当顧客のとりとめもない質問
・部署の定例会議の議事録チェック
・毎週末に提出する報告書の作成
・部下から提出された出張申請の承認
・社内資料の誤字脱字チェック

④重要度も緊急度も低い仕事

・意味のない報告書のフォームの改訂
・会議のためのミーティング
・リスクの低い案件に対する過度な情報収集
・社内の不確実な噂話への対応
・何も決まらない顔合わせレベルの会議

緊急度

低

大

①成果が大きく、実現度が高い仕事

・売り上げにつながらない日報の記入項目を減らして、簡潔にする
・資料を探す時間を減らすためにフォルダ管理ルールの見直しをする
・毎週2回行なっている営業活動の報告を兼ねたミーティングを週1回に減らす
・部署内で完結する業務の効率化の仕組みをメンバーに共有する
・会議に参加するメンバーを見直して、参加人数を減らす

③成果は小さいが、実現度が高い仕事

・仕事が遅い部下に、単語登録やショートカットキーの作成を徹底させる
・残業の多い部下に、資料のディティールにあまりこだわらないように指導する
・年に2回使うだけの書類を簡素化するために、フォームを改訂する
・年に1回しか注文しないお客さまに対して、過剰に対応するのをやめる

図2　成果と実現度のマトリックス

実現度　小

成果　大

②成果は大きいが、実現度が低い仕事

・売り上げにつながらないが、社長が見ている日報を廃止する
・社長が主催している結論の出ない会議を廃止する
・アシスタントを１人増員する
・コンプライアンスで定められた過度に厳しいルールの改訂を申請する
・お客さまの要望にもっと早く対応できるよう稟議制度を改善をする

④成果は小さく、実現度の低い仕事

・月に１回の経営会議に提出している報告書を廃止する
・上司からの急な頼まれごとを減らすための対策を練る
・社長が持ち込んできた売り上げ金額の低い案件の対応をする
・月１回の提出が義務づけられている勤怠管理システムを簡易化する

成果　小

「考える」「悩む」にはデッドラインを設ける

網羅思考をする人はリスクを取るのが嫌いなので、行動する前にじっくり考えようとします。

実は、かつての私も失敗しないようにじっくり考えるタイプで、ときには締め切りの期限を延ばしたこともありました。

しかし、期限を延ばしてみたものの、結局いい案は見つからないということがしょっちゅうありました。

そのうちに、そもそも最初から１００パーセントの正解を目指すことが間違いであることに気づきました。

たとえば、メジャーリーグで活躍中の大谷翔平選手だって、打席に立ってバットを振ったら、100パーセント打てるというわけではありません。

しかし、まずバットを振らなくては、球に当たらないことは確かです。

考えている、計画している状態からは何も生まれません。行動しなければ、何も起きません。

悩みも同じです。悩んでいるだけでは、何も起きません。行動することが必要です。

「考える」と「悩む」に頭の中を占領されると、ほかのことを考える余地もなくなります。

考えていようが、悩んでいようが、迷っていようが、とにかく5分経ったら結論を出すと決めるといったように、デッドラインを設けるようにするのです。

間違っていたら間違っていたでいいのです。あとから修正すればいいだけです。

日常生活の中で決断力を身につける訓練をする

どうしても決断が遅くなる人は、仕事以外の行動でも考えるのにデッドラインを設けるように練習をしましょう。

たとえば、食事をするときはメニューを見たら30秒以内に決める、出張のお土産選びは3分以内に決める、見知らぬ街でどの店に入ろうか迷ってもとにかく3分以内にどこかに入る。あるいは、洋服屋で、どちらのジャケットを買おうか迷ったときでも5分以内には決める。

意外なことに、いったん決断してしまうと、迷っていたもう1つのものを思い出せなくなることがあります。

実は、迷うことが自分で思っているほど重要でないという証明でもありますね。

POINT

「考える」「悩む」は時間のムダなので、期限を決めて、それがすぎたら必ず行動する。

リーダーは直感で決めていい

前項で、考えたり、悩んだりするときはデッドラインを設けると言いましたが、身もふたもないことを言ってしまうと、リーダーは「直感」で決めてしまっていいのです。

「直感」というと、あまりいい印象を持たない方もいらっしゃると思いますが、単なる「当てずっぽう」とは違います。

たとえば、あなたはその仕事を何年も経験してリーダーになっているわけです。

ですから、**「直感」はその経験がベースになっているのです。決して、いい加減なものではありません。**

プロ棋士の羽生善治《はぶよしはる》さんは、終盤に「羽生マジック」と呼ばれる妙手を繰り出します。

彼は、直感に頼っており、「直感の7割は正しい」とも言っています。

直感は、それまでの対局の経験の積み重ねから、「こういうケースの場合はこう対応したほうがいい」という無意識の流れに沿って浮かび上がってくるものだと思っているそうです。

あなたは「新人だった頃に比べると、直感が当たるようになったな」と思ったことはありませんか。それは経験を積んだからなのです。

直感を信じるとたいていうまくいく

私のこれまでの経験でも、直感が正しかったことはしばしばあります。

かつて自分のチームが非常に多忙なときに、取引先から「企画コンペに参加しないか」という打診がありました。最初は、売り上げを追求するのであれば、コンペに勝てる可能性が低くても手を挙げるべきだと思いました。

しかし、そのときはメンバーが皆、目標達成に向けて限界に近い状態で仕事に取り組んでいました。

コンペに参加することは、私はかまわないのですが、メンバーに1週間近くにわたって深夜までの残業を強いることになります。

先方の担当者と話していて、ふとひらめきました。

「実は、この案件はすでに他社に決まっていて、当て馬としてうちの会社にコンペに参加させる気ではないか」

結局、コンペへの参加は辞退しました。

あとで、私の思った通りだったことがわかりました。私としては、メンバーを疲弊させないための決断だったのですが、大正解でした。

また、直感を信じないで失敗してしまったこともありました。

お恥ずかしい話ですが、ある未入金のお客さまに逃げられてしまったのです。

買うだけ買われて、支払い日に夜逃げされてしまいました。

担当している部下にとっては、たくさん買ってくれる大切なお客さまです。

しかし、私は、従業員数の割に取引額が多すぎるというのが気になっていました。

部下に「最初の月からたくさん売り上げがあがっているのはいいことだけど、この会社、大丈夫かな？」と聞いてはいましたが、部下は「大丈夫です！」としか言いませんでした。

とはいえ、心配なので、部下の営業に同行し、「初月なので〇万円以上お買い上げの場合は事前のお支払いでお願いします」と伝えようと決心しました。

しかし、先方のご担当者が非常に丁寧な対応をしてくださったことと、部下の目標達成を考えた結果、ついそのままに取引を続けることにしてしまったのです。

結果、イヤな予感が当たってしまいました。

素直に自分の直感を信じればよかったのです。

POINT

直感は自分のキャリアから生まれた「ひらめき」なので、大切にしたほうがうまくゆく。

おわりに

最後まで、お読みいただき、ありがとうございました。

いかがでしたでしょうか。

大切なのは一度に全部やろうとしないことです。

224ページでも書きましたが、成果と実現度、つまり「大きく変わる可能性のあること」や「自分が実現できそうなこと」から取り組んでいくようにしてください。


ただし、そうはいっても新しい挑戦です。

一度やったからといって、うまくいくとは限りません。

もしかすると、うまくいかないことが何度か続くかもしれません。

部下の中には、リーダーであるあなたが変わって、喜ぶ人もいれば、不審に感じる人もいるかもしれません。

でも、あきらめてはいけません。

あの手この手で挑戦していきましょう。

リーダーであるあなたが変われば、だんだんと部下も変わっていきます。

私自身も、私の研修や講演を受講いただいた方も、本書に書かれているリーダーシップを1つひとつ実践していきました。そして実践から生まれた小さな変化が結果的に大きな変化を生みました。


本書を通して、リーダーの皆さまが変化し、部下とチームを成長させることができて仕事に幸せを感じるようになれれば、これに勝る喜びはありません。

なお、本書をお読みになられましたら、「#部下に9割任せる」「#吉田幸弘」などのハッシュタグをつけて、インスタグラム、フェイスブック、ツイッターなどでご感想をご投稿いただけますと幸いです。「任せてみて変わった」「こんなことがあった」などのご報告もどしどしお寄せください。

2019年2月
吉田幸弘

吉田幸弘（よしだ ゆきひろ）

人財育成コンサルタント・上司向けコーチ
学校法人や外資系企業でリーダーに抜擢されたものの、生来の怒りっぽさからチームをまとめきれず、3度の降格人事を経験。その後「部下を承認するマネジメント」を会得し、敏腕リーダーとしてチームの業績を劇的に向上させる。独立後は、経営者・中間管理職向けに、人材育成、チームビルディング、売り上げ改善の方法を中心としたコンサルティング活動を行なっている。全国の企業、商工会議所、法人会などで年間130本以上の講演・研修を手がけており、わかりやすく実践的な内容が好評を博している。著書に『リーダーの一流、二流、三流』（明日香出版社）などがある。

部下に9割任せる！

2019年4月10日　初版発行
2019年4月19日　2刷発行

著者　吉田幸弘
発行者　太田 宏
発行所　フォレスト出版株式会社
〒162-0824　東京都新宿区揚場町2-18　白宝ビル5F
電話　03-5229-5750（営業）
03-5229-5757（編集）
URL　http://www.forestpub.co.jp

印刷・製本　日経印刷株式会社

ISBN978-4-86680-029-5　Printed in Japan